# BASISWISSEN DRECHSELN

## Holz, Werkzeug, Einsteigerprojekte

Luke Voytas

stv

**Widmung**

*Für Mom und Dad.*

Umschlaggestaltung: DSR – Werbeagentur Rypka, A-8143-Dobl/Graz
alle Fotos: Luke Voytas

Titel der englischen Originalausgabe: „Complete Starter Guide to Woodturning on the Lathe"


Aus dem Englischen übertragen von Nils Wegner.

**Bibliografische Information der Deutschen Nationalbibliothek**
Die Deutsche Nationalbibliothek verzeichnet diese Publikation in der Deutschen Nationalbibliografie; detaillierte bibliografische Daten sind im Internet über https://portal.dnb.de/opac.htm abrufbar.

**Hinweis:**
Dieses Buch wurde auf chlorfrei gebleichtem Papier gedruckt. Die zum Schutz vor Verschmutzung verwendete Einschweißfolie ist aus Polyethylen chlor- und schwefelfrei hergestellt. Diese umweltfreundliche Folie verhält sich grundwasserneutral, ist voll recyclingfähig und verbrennt in Müllverbrennungsanlagen völlig ungiftig.

ISBN 978-3-7020-2241-9


Satz: DSR – Werbeagentur Rypka, A-8143-Dobl/Graz

# Inhaltsverzeichnis

Seite 52

Seite 68

Seite 76

Seite 92

# Einführung

Interessieren Sie sich für Holzarbeiten? Drechseln ist ein toller Einstieg! Falls Sie bereits Erfahrung mit Holz haben, ist es eine weitere spaßige Möglichkeit, um Möbel aufzupeppen, Holzreste in etwas Nützliches zu verwandeln und einen Quell der Freuden und Entdeckungen zu finden. Die Arbeit an der Drehmaschine ist ganz unmittelbar, was eine ihrer großen Stärken ist. Mit einem Stück Holz, dem nötigen Basiswissen und etwas Zeit können Sie Einzigartiges schaffen. Es ist ein Ausdruck Ihrer Vorstellungen und Ästhetik. Sie haben die Wahl: Wird es wunderschön, nützlich, oder wollen Sie damit Ihre Freunde beeindrucken?

Mit das Beste am Drechseln ist, dass es für so viele Menschen zugänglich ist. Sie müssen nicht extrem professionell sein, um an der Drehmaschine etwas Schönes schaffen zu können. Ein Dreher muss nicht extrem stark oder groß sein oder besondere körperliche Vorzüge besitzen. Alt und Jung, Groß und Klein – jeder Mensch kann Spaß am Drechseln haben. Der Dreher muss sich einfach nur geistig und körperlich auf die Drehmaschine einstellen. Man taucht schnell in das Erlebnis ein und kommt in eine Art von „Flow" hinein.

Das Drechseln ist eine Art Gespräch zwischen dem Künstler und dem Holz. Jedes Stück Holz hat besondere Eigenschaften, die der Holzarbeiter beachten muss. Es ist seine Pflicht, diese Eigenschaften in Maserung, Farbe und Struktur des Holzes zu finden. Indem wir unseren Geist und Willen einsetzen, schreiben wir die Geschichte des Baumes fort.

Das Drechseln ist eine tolle Möglichkeit, von einem Baum, von der Natur und von unserem Platz in der Welt zu erzählen.
Für Holzarbeit-Einsteiger bietet die Drehmaschine einige Vorteile. Einer davon ist, dass Sie nicht viel Zubehör brauchen, um loszulegen. Es ist nicht wie beim Möbelbau, wo man einen ganzen Werkzeugladen an Hilfsmitteln benötigt.

Sie können nur mit der Drehmaschine und einigen scharfen Instrumenten aus einem Stück Holz etwas Zauberhaftes – und womöglich auch Nützliches – machen. Wenig Werkzeug bedeutet auch, dass Sie nicht viel Geld brauchen, um loszulegen. Viele kleine Drehmaschinen können trotzdem vielfältige Stücke herstellen, auch größere wie Schalen, sodass Sie auch nicht allzu viel Platz benötigen. Gebrauchte Drehmaschinen und Schneidwerkzeuge sind leicht zu bekommen, oft noch qualitativ hochwertig und mit Liebe gebaut.

Angenehm ist auch, wie leicht Sie an Material für das Drechseln gelangen. Sie können nicht nur bei einem lokalen Händler oder online kaufen, sondern auch Holz von Ihrem eigenen Grundstück einer neuen Bestimmung zuführen. Das ist ein großer Vorteil, wenn Sie noch lernen und kein Holz zerstören wollen, für das Sie ein Vermögen bezahlt haben!
Ich drechsle oft „grünes" Holz. Es ist frisch geschnitten und enthält viel Feuchtigkeit. Für Schalen und einige andere Projekte ist das ideal; für andere muss das Holz trocknen. In diesem Buch werde ich Ihnen zeigen, wo Grünholz sinnvoll nutzbar ist.

Ich habe Holz eine zweite Chance geben können, das ich örtlich bezogen habe, von Bäumen, die die Stadt, Baumzüchter, Freunde und Nachbarn oder ich selbst gefällt hatten. Das ist zusätzlich umweltschonend.

Dieses Buch wird Sie auf kürzestem Wege zum Drehmaschinenfachmann machen. Ich werde viele der besten altbewährten Drechselmethoden verständlich erklären und berücksichtigen, dass einige Leser für den Einstieg vielleicht nicht viel Profiwerkzeug haben. Sie bekommen somit eine Grundlage, auf der Sie Ihr eigenes Wissen aufbauen können, aber dieses Buch ist nicht die einzige Quelle. Meine Schüler hatten am meisten Erfolg, wenn sie die Lektüre über das Drechseln mit dem Anschauen von Videos und Vorführungen, der Arbeit mit einem Ausbilder und vor allem mit der Praxis verbanden! Seien Sie nur umsichtig in der Wahl Ihrer Materialien und Anleitungen, von denen Sie lernen. Viele Wege führen zum Ziel, und es gibt viele unterschiedliche Meinungen, also suchen Sie sich zuverlässige Quellen und probieren Sie Neues aus!

# Bevor es losgeht

## Aufbau einer Drehmaschine

Holzdrehbänke gibt es schon seit Tausenden von Jahren. Auch wenn sie sich im Laufe dieser Zeit drastisch verändert haben, sind sie im Grunde eher einfache Maschinen. Ihr Zweck ist, ein Objekt gegen ein Schneidwerkzeug zu drehen.

Um wirkungsvoll zu arbeiten, brauchen Sie keine teure Drehmaschine. Ein einfaches, kostengünstiges Exemplar genügt, um die Grundlagen des Drechselns zu lernen und hübsche, vielfältige Stücke zu schaffen. Tischdrehmaschinen sind ein guter Anfang, und gebrauchte Geräte sind leicht zu bekommen.

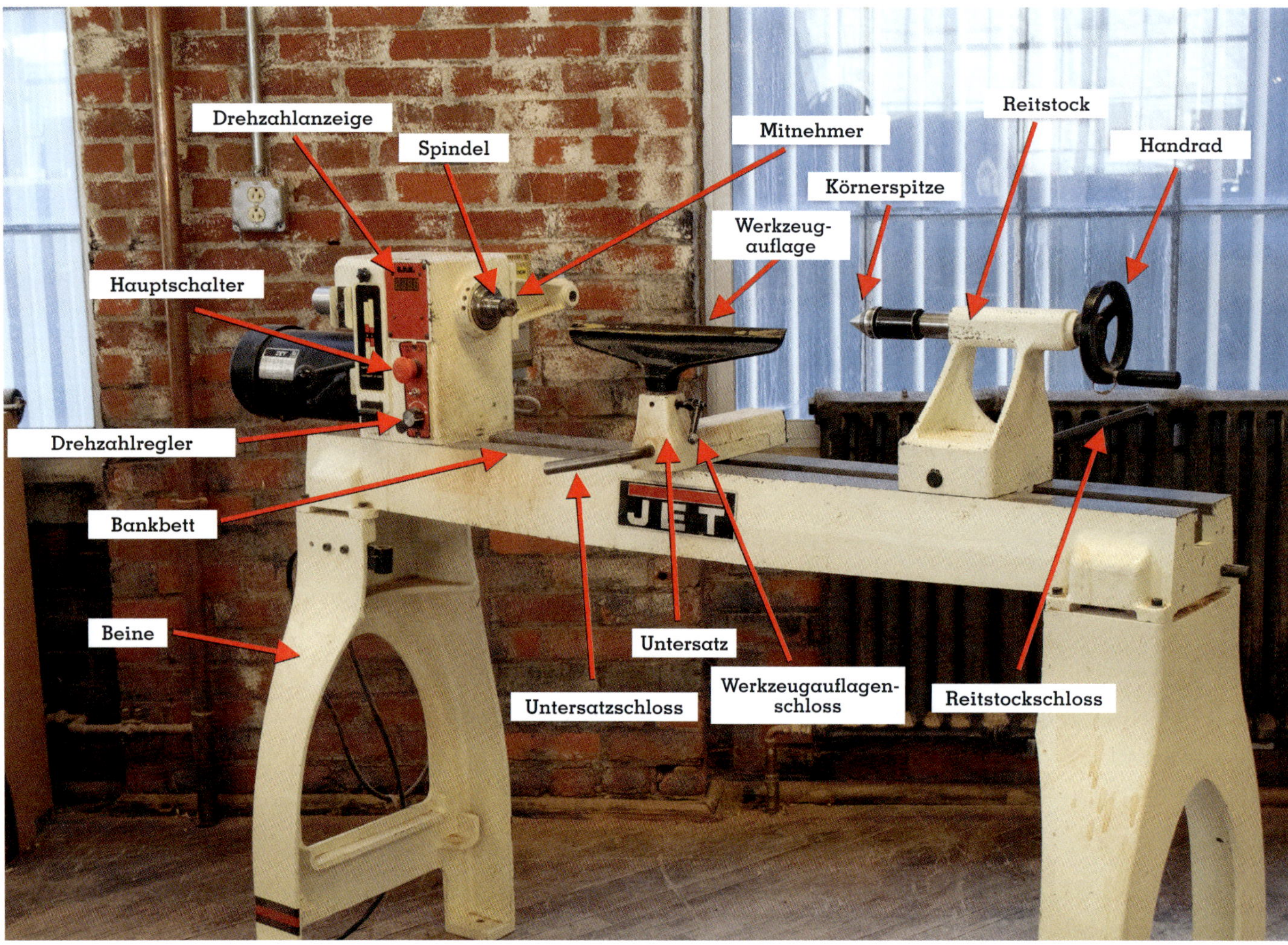


Geräte können in einzelnen Merkmalen variieren, aber die obigen Bestandteile sind praktisch allgemeingültig.

Holzdrehbänke haben einige Grundbestandteile, die überall gleich sind. Es ist wichtig, sich mit diesen Teilen der Maschine vertraut zu machen, weil sie im Text häufig genannt werden. Diese Drehmaschine von Jet befindet sich im GoggleWorks Center for the Arts im Dauerbetrieb. Sie ist kein Hingucker, aber mehr als ausreichend für diverse Gegenstände, etwa Schalen oder Tischbeine. Sie hat schon Tausende Stücke geschaffen, und das sieht man auch!

# Aufbau einer Drehmaschine

**Ausriss.** Wenn Holzfasern durch ein Werkzeug, das sie auseinanderzieht statt zusammendrückt, zerrissen werden, sodass eine raue Oberfläche entsteht.

**Bankbett.** Die aus zwei Schienen bestehende horizontale Oberfläche, auf der Spindelstock, Untersatz und Reitstock montiert sind.

**Einbuchtung.** Konkave, runde Form, die in das Holz geschnitten wird.

**Fase.** Die Fläche eines Werkzeuges, die geschliffen worden ist, um eine Schneide zu erzeugen.

**Fladerung.** Die einzigartige Maserung des tangential oder radial geschnittenen Holzes. Kann gewellt, gestockt, geriegelt, gesteppt o.ä. sein.

**Flöte.** Die mittige Nut entlang der Klinge einer Röhre.

**Flügel.** Der Bereich der Fase, der vom zentralen Schnittpunkt an einer Röhre zurückschwingt.

**Grat.** Ein Grat ist der Metallrest auf der gegenüberliegenden Seite einer geschärften Kante. Feine Steine und Schleifmittel hinterlassen meist kleinere Grate und besser schneidende Kanten.

**Handrad.** An der Außenseite des Reitstockes dient diese Kurbel dazu, die Körnerspitze vorwärts und rückwärts zu bewegen. Am Spindelstock kann man damit die Spindel von Hand drehen, um Teile wie Spannfutter oder Planscheiben an- und abzumontieren.

**Hirnholz.** Die Fläche, an der das Holz quer zur Faserrichtung geschnitten wurde.

**Körnerspitze.** Frei drehbarer Dorn oder Kegel gegenüber von der Spindel, die das Werkstück dreht, der das Stück stützt, besonders beim Drehen „zwischen Spitzen". Die Körnerspitze sitzt im Reitstock.

**lange Fasern.** Ausrichtung der Fasern des Holzes über die Länge des Stückes.

**Mark.** Die innerste Mitte des Baumes, von der aus die Jahresringe nach außen wachsen.

**Maserung.** Die durch das Wachstum des Baumes bedingte Ausrichtung der Holzfasern.

**Mitnehmer.** Dieser sich verjüngende Stahlstab wird in die Spindel eingesetzt und durch den Gegendruck vom Reitstock in Position gehalten. Er hat Zähne oder Stifte am äußeren Ende, um in das Holz greifen und das Werkstück drehen zu können.

**Oberkante.** Die Seiten der Röhre links und rechts vom Mittelpunkt.

**Planscheibe.** Runde Metallscheibe mit Löchern, um Werkstücke sicher am Spindelstock zu befestigen, besonders Schalen und andere schwere Projekte. Das Werkstück wird mit Schrauben durch die Löcher festgezogen, während die Scheibe mit einer Gewindebohrung an der Spindel aufgeschraubt wird. Kann mit oder ohne Reitstock verwendet werden.

**Reitstock.** Sitzt auf der rechten Seite des Bankbettes und kann vor und zurück gefahren werden, um das Werkstück zu stützen. Kann mit einer Körnerspitze oder zum Anbringen eines Futters oder anderer Halterungen genutzt werden.

**Röhre.** Stemmeisen mit gebogenem Klingenquerschnitt, das benutzt werden kann, ohne dass die Außenkanten der Schnittfläche greifen.

**Spalt.** Ein Schnitt, der der Maserung des Holzes in der Länge folgt, entlang dem vertikalen Baumwuchs.

**Spanndorn.** Oft speziell angefertigtes Hilfsmittel zur Aufspannen eines halb fertigen Werkstückes, ohne das Holz zu beschädigen.

**Spannfutter.** Ein Teil zum Halten des Werkstückes. Meistens ist damit ein 4-Backen-Drechselfutter gemeint. Die Backen werden mit einem Schlüssel gleichmäßig angezogen.

**Spindel.** Die Spindel wird von einem Motor gedreht und dreht das Werkstück. Beim Drehen „zwischen Spitzen" ist die Spindel hohl, damit Mitnehmer hineingesteckt und von der anderen Seite herausgeschoben werden können. Die Außenseite der Spindel trägt Gewinde für Planscheiben, Futter und andere Befestigungen.

**Spindelstock.** Dieser Teil der Drechselmaschine sitzt oben auf dem Bankbett zur Linken des Drechslers und enthält die Spindel zum Drehen des Werkstückes. Oft stecken darin auch Motor und Bedienfeld der Maschine.

**Spitzenhöhe.** Maximaler Durchmesser für Werkstücke auf der Drechselmaschine. Bei einer Maschine mit der Spitzenhöhe 40 cm liegen zwischen Bankbett und Spindel 20 cm.

**Untersatz.** Der Untersatz ist am Bankbett montiert und kann hinein und heraus, nach links und nach rechts bewegt und rotiert werden, um die Werkzeugauflage in die richtige Position zu bringen. Mit einem Hebel an der Front kann man ihn arretieren. Die Auflage wird durch ein Loch im Untersatz gesteckt und kann dort gedreht, auf und ab geschoben und mit einem zweiten Hebel fixiert werden.

**Wulst.** Eine runde Oberfläche, die in ein Stück Holz geschnitten wurde. Wird hier für alle konvexrundlichen Formen gebraucht.

## Sicherheit beim Drechseln

Ein Freund unterrichtete Drechseln im Highschool-Werkunterricht. In der Zimmerdecke steckte ein Flachmeißel, abgeschossen von der Drehmaschine eines übereifrigen Schülers, nachdem er sich gefährlich verfangen hatte. Das Werkzeug blieb jahrelang dort, um die Jugendlichen dieser Kleinstadt im Westen New Yorks daran zu erinnern, dass man ein Grundverständnis von Vorgehensweise, Risiken und Kräften haben muss, bevor man sich an die Arbeit macht.

Betreten Sie die Werkstatt, dann seien Sie vorbereitet, mit der richtigen Kleidung und der richtigen Einstellung. Drechseln macht Dreck, und Sie dürfen sich nicht um Ihre Kleidung sorgen, denn dann können Sie nicht angemessen mit Werkzeug und Material umgehen. Ihr Gewand darf nicht zu weit sein, sonst kann es sich in der Drehmaschine verfangen. Lange Ärmel sollten eng anliegen oder umgekrempelt werden. Handschuhe scheinen sinnvoll, aber können umso gefährlicher sein: Ohne Handschuhe können Sie leicht fühlen, wo Ihre Finger gerade sind – mit Handschuhen nicht. Sie können schnell zwischen Bankbett und Werkzeugauflage geraten. Nehmen Sie lose baumelnden Schmuck, wie Armbänder und Halsketten, ab; binden Sie lange Haare zurück.

Die Schuhe müssen geschlossen sein. Stiefel oder Schuhe mit Stahlkappen sind nützlich, aber kein Muss. Wenn Werkstück oder Werkzeug herunterfallen, können Sie sich darauf verlassen, dass sie auf Ihren Füßen landen werden. Drechseln ist dynamisch; Sie müssen einen sicheren Stand haben und beweglich sein. Wählen Sie etwas ebenso Praktisches wie Robustes.

Tragen Sie beim Umgang mit elektrischem Werkzeug immer eine Schutzbrille.

Drechseln erzeugt Staub. Tragen Sie eine eng anliegende Atem- oder Staubschutzmaske, besonders beim Schleifen.

Wo elektrische Werkzeuge benutzt werden, sollten Sie immer Augenschutz tragen. Schutzbrillen sind billig erhältlich und vielfältig, selbst für die ungewöhnlichste Kopfform. Kaufen Sie auf Vorrat, damit Sie nie ohne dastehen. Auffällige Farben ersparen langes Suchen, ebenso Brillenriemen.

Wenn beim Bearbeiten eines Werkstückes Späne in Ihr Gesicht fliegen können, müssen Sie einen Gesichtsschutz tragen.

Zum Drechseln brauchen Sie auch einen Gesichtsschutz. Der muss nicht teuer sein, sollte aber bequem sitzen. Eine Schutzbrille ist meist ausreichend. Beim Drechseln von Schalen benötigen Sie aber den Gesichtsschutz, weil Ihnen Fetzen und Rindenstücke direkt ins Gesicht fliegen.

Man vergisst leicht den Atemschutz, aber Drechseln ist eine staubige Angelegenheit. Schwebeteilchen entstehen nicht nur, wenn Sie schleifen oder Holzspäne fliegen lassen, sondern auch beim Schärfen. Eine Staubmaske ist gut, aber eine eng anliegende Atemschutzmaske ist viel besser. Sie finden sie im Baumarkt, aber ich empfehle, online zu recherchieren und Bewertungen zu lesen. Wählen Sie eine bequeme Maske, die Sie über längere Zeit hinweg tragen können. Die meisten haben feste Größen; finden Sie eine, die Ihnen passt.

Geben Sie Ihrem Werkstück immer einen Anschwung, bevor Sie die Drehmaschine einschalten. So sehen Sie, ob alles fest sitzt und Ihr Werkstück nirgends anschlägt, wodurch es sich lösen oder Schaden nehmen könnte. Montieren Sie die Werkzeugauflage ab, bevor Sie schleifen. Schleifpapier kann anhänglich werden, und plötzlich sind Sie zwischen der Auflage und dem rotierenden Werkstück eingeklemmt.

Denken Sie vor allem immer an Ihre Sicherheit. Nehmen Sie sich Zeit und drechseln Sie mit Bedacht. Prüfen Sie vor dem Loslegen Ihre Drehmaschine und Ihre Kleidung, dann werden Sie mit Sicherheit Erfolg haben!

# Die Holzwahl

## Wie Sie an Holz kommen

Drechselholz lässt sich sehr leicht finden. Sie können es von örtlichen Holzhändlern, Handwerksläden und im Internet bekommen, aber selbst aus einem kleinen Holzrest oder einem Baumschnitt kann auf der Drehmaschine etwas Schönes und Nützliches werden. Bei mir im ländlichen Pennsylvania sind die Wälder dicht und vielfältig. Deshalb gibt es viele Kleinbetriebe, die hochwertiges Holz aus der Gegend zu einem tollen Preis anbieten. Außerdem kann ich mit einer Kettensäge umgehen, und so kann ich mir Bäume aneignen, die vom Sturm umgerissen werden oder aus Sicherheitsgründen von Grundstücken von Freunden entfernt werden müssen. Auch wenn ich nicht der Netteste bin, habe ich trotzdem genug Freunde, um eine ständige Versorgung mit frischem Holz zu gewährleisten! Dieses eignet sich besonders für Schalen, aber lässt sich auch trocknen, um „zwischen Spitzen" gedreht werden zu können. Wenn Sie etwas suchen, das Sie auf der Drehmaschine drechseln können, gibt es einiges zu beachten. Davon handeln die folgenden Abschnitte.

## Laubholz vs. Nadelholz

Für den Großteil des Drechselns – und alle Projekte in diesem Buch – werden Laubhölzer verwendet. Diese weisen gewisse Eigenschaften auf, durch die sie zum

Hier sehen Sie die breiten Jahresringe in einem Stück Nadelholz. Ihretwegen ist Nadelholz schwierig auf der Drehmaschine zu bearbeiten.

Drechseln besser geeignet sind als Nadelhölzer, wie Kiefer, Tanne oder Fichte. Nadelhölzer sind leichter im Handel erhältlich, weil sie als Bauholz verwendet werden. Das standardisierte Bauschnittholz, beispielsweise für den Hausbau und ähnliche Verwendungszwecke, wird aus Nadelhölzern gesägt. Es gibt eine Reihe von Gründen, weshalb dieses Holz zum Drechseln ungeeignet ist.

Nadelhölzer werden unter anderem deshalb als Bauholz verwendet, weil sie schnell wachsen. Ein Großteil dieses Holzes stammt von Bäumen, die erst ein paar Jahre alt sind. Das bedeutet, dass sich der Bestand schnell erneuert, aber durch das schnelle Wachstum sind die Jahresringe

Laubholz wächst langsamer als Nadelholz und hat deshalb eine feinere Maserung, wie hier sichtbar.

breit. An ihnen entlang neigt das Holz zum Reißen, deshalb ist es schwierig zu drechseln.

Denken Sie an die Form der meisten dieser Bäume. Konische Bäume haben Äste, die in regelmäßigen Abständen um den Stamm verteilt sind, wie bei einem Christbaum. Dort, wo die Äste am Stamm sitzen, bilden sich Astknoten. Diese sind sehr hart und sorgen für Hohlräume sowie unregelmäßige Maserung. Manche Objekte, besonders solche, die später bemalt werden (etwa Treppengeländersäulen), werden auch aus Nadelholz gedrechselt. Bei der Auswahl muss man auf ein langsames Wachstum und feine Maserung achten.

Laubhölzer wachsen meist langsamer als Nadelhölzer. Ihre Maserung ist regelmäßiger und weist weniger Defekte auf, deshalb sind sie einfacher und kontrollierter zu drechseln. Man nennt sie nicht ohne Grund auch „Harthölzer", denn sie sind härter und robuster als Nadelhölzer und eignen sich besser für Gebrauchsgegenstände. Laubhölzer bekommen nicht so leicht Dellen und sind deshalb sinnvoll für den Möbelbau.

Wenn Sie Holz zum Drechseln aussuchen, sollten Sie einige Dinge vermeiden. Erstens sind das Knoten: Diese sind extrem hart und werden Ihre Werkzeuge schnell abstumpfen. Wo Knoten sitzen, muss das Holz des Stammes um diese herumwachsen, was eine unregelmäßige und unvorhersehbare Maserung verursacht. An solchen Stellen ist es unmöglich, saubere Schnitte ohne Ausrisse zu setzen.

## Maserungen verstehen

Hier sehen Sie, wie die Holzfasern durch einen Knoten verschoben wurden und dahinter wieder ihre alte Wuchsrichtung angenommen haben.

In der Maserung spiegelt sich wider, wie sich ein Baum zu seinen Lebzeiten entwickelt hat. Sie folgt dem Aufwärtswachstum des Baumes, verläuft durch den Stamm und in die Äste hinein. Holz ist eine Ansammlung faseriger, hohler Zellulosefäden, die zusammen die Baumstruktur bilden. Diese Stränge sind Kanäle, durch die Wasser und Nährstoffe aus dem Boden zur Fotosynthese in die Blätter transportiert werden.

Wenn sich an einem Baum ein Ast bildet, müssen diese Fasern um das Hindernis herumwachsen, ehe sie in ihre alte Wuchsrichtung zurückkehren können. Denken Sie an einen Pinsel, in den Sie Ihren Finger hineindrücken: Die Borsten biegen sich um den Finger herum. Würden sie sich wie ein Baum verhalten, würden Sie den Finger umfließen und dahinter wieder zusammenlaufen.

Wenn Sie mit Ihrer Hand über die Borsten eines Pinsels fahren, wirkt das so, wie beim Bearbeiten von unregelmäßig gemasertem Holz die Fasern vom Werkzeug auseinandergezwungen werden.

Wo das der Fall ist, lässt sich das Holz nicht mehr kontrolliert drechseln. Wenn Sie Ihr Werkzeug gegen das Holz führen, kann es sein, dass Sie Fasern quetschen oder zerreißen. Sie bekommen eine Vorstellung davon, wenn Sie den Pinsel nehmen und mit Ihrer Hand quer über die Borsten fahren. Die Fasern werden auseinandergezwungen, und dabei kommt es zum Ausreißen. So entsteht eine Oberfläche, die mehr Schliff braucht. Es kann sich auch auf die Stabilität des Stückes auswirken, weil vom einen bis zum anderen Ende durchlaufende Fasern stärker sind als solche, die „im Nichts enden". Auch wenn der Baum nicht gerade gewachsen war oder Ihr Werkstück aus einem Ast geschnitten wurde, kann dieser Effekt auftreten.

Unregelmäßige Maserungen im Holz können für große Schönheit und großen Ärger sorgen. Wellige Fladerung ist ein Beispiel, das schön anzusehen, aber schwierig zu drechseln ist. Wenn Licht auf welliges Holz scheint, neigt es zum Schimmern. Die Maserung verläuft hier in Schwüngen statt gerade. Dies entsteht in komprimiertem Holz, etwa wenn ein Ast nicht nur aufwärts, sondern auch nach außen wächst und zusätzlich Gewicht trägt. Solches Holz ist schön, aber schwierig sauber zu schneiden und zu veredeln.

Wenn Sie Holz kaufen, prüfen Sie den Verlauf der Maserung. Gehobeltem Holz können Sie normalerweise ansehen, wie der Baum gewachsen ist. Suchen Sie nach Brettern und Stücken mit durchgehend gleichmäßigem statt „wanderndem" Wuchs. Vorsicht vor Brettern, die verzogen oder verdreht sind. Das zeugt von Spannung im Holz, die auf unregelmäßige Maserung hindeuten kann. Solches Holz kann sich sogar noch nach dem Drechseln verziehen, weil Sie möglicherweise Material entfernen, das das Stück im Gleichgewicht gehalten hat, und so neue Spannung erzeugen.

## Arbeiten mit Grünholz

In seinem zauberhaften Buch „The Soul of a Tree" hat der berühmte Möbeltischler George Nakashima geschrieben:

„Wenn Bäume altern, ist es recht und moralisch, sie für menschliche Nutzung zu schlagen, denn sie würden verrotten und wieder zu Erde werden. Bäume sehnen sich nach dem Weiterleben, danach, mit Schönheit, Stärke und Nützlichkeit Menschen zu dienen, sogar wertvolle Kunstobjekte zu werden."

Wenn man aus einem Baum Neues schafft, dann feiert man damit sein Leben. Jedes Stück Holz versinnbildlicht den Baum und dessen Lebenserfahrung. Das Holz spiegelt dieses Leben wider, und in der Maserung erkennen wir Zeiten des Überflusses an Wasser und Sonnenlicht ebenso wie Krisenzeiten, in denen Dürre oder Krankheit dem Baum an die Substanz gingen, ihn ums Überleben kämpfen ließen.

## Der letzte Weg eines Baumes

Unweit von meiner Werkstatt steht eine tote Schwarzbirke. An der bergaufwärts gelegenen Seite des Baumes hatte sich Feuchtigkeit gestaut, und weil die Krone so dicht war, konnte das Holz nicht trocknen und begann zu verrotten. Ich werde diesen Baum fällen und aus seinem Holz Schalen drechseln.

Es ist nicht nötig, einen gesunden Baum zu schlagen, um tolles Drechselholz zu bekommen, aber wenn ein Baum gealtert ist und andernfalls verrotten und wieder zu Erde würde, kann man ihm auch ein Weiterleben als Drechselobjekt schenken. Manchmal fördert es die Waldgesundheit, wenn man einige Bäume entnimmt. Dadurch können erwünschte Bäume und Pflanzen mehr Sonnenlicht bekommen und die Lebensqualität für Pflanzen und Tiere erhöhen. Wenn Wälder aus nur wenigen Arten bestehen, kann sich das katastrophal auswirken, wenn Krankheiten auftreten. Borkenkäfer und Schwammspinner haben schon viele Wälder verheert. In einigen Gegenden sind ganze Forstgebiete abgestorben, und wo früher Wald war, ist nun ein Durcheinander aggressiver Fremdgewächse, die nichts zum Erhalt eines gesunden Ökosystems beitragen. Angemessene Forstwirtschaft und gezielter Einschlag hätten eine größere Vielfalt an Bäumen ermöglicht und diese Gebiete so widerstandsfähiger gemacht.

Das Arbeiten mit Grünholz ist in vielerlei Hinsicht eine Feier eines einzelnen Baumes und unserer Verbindung zur Natur. Wir können Holz wählen, das die Persönlichkeit und das Wesen des Baumes abbildet, und durch das Drechseln mit diesem kommunizieren. Und wir können all jene Merkmale, die diesen konkreten Baum und den ganzen Wald einzigartig machen, behutsam hervorheben.

Handelsübliches Bauholz stammt von stabilen, erwartungsgemäß gewachsenen Bäumen. Förster sind Experten dafür, solche Bäume zu bestimmen und die richtigen für die Holzfäller auszuwählen, die sie dann fällen und ins Sägewerk bringen. Um die Gesundheit der Bäume sicherzustellen, werden meist nur die kräftigsten gefällt, noch vor der vollen Reife. Zum Drechseln können Sie auch unregelmäßigeres Holz verwenden; dabei entdecken Sie vielleicht spektakuläre Launen der Natur.

Wenn Sie Holz direkt vom Baum entnehmen können, wählen Sie einen Abschnitt ohne Äste. Bäume, die auf freien Flächen (wie in Gärten) wachsen, haben meist mehr davon. Ihre Äste müssen nicht im Kampf um Sonnenlicht mit anderen Bäumen um die Wette gen Himmel wachsen, sondern können sich seitlich ausbreiten. Bäume aus dem Wald weisen eine geradere Maserung mit weniger Defekten auf. Doch auch freistehende Bäume liefern viele brauchbare Stücke, wenn Sie wissen, wonach Sie suchen müssen.

Grünholz wird auf der Drehmaschine meist dazu verwendet, Schalen zu drechseln. Grünholzschalen verziehen sich, aber das muss kein Nachteil sein; manche finden das besonders interessant. Wer keine leicht längliche Schale will, kann das Grünholz „in zwei Durchgängen" drechseln, um sicherzustellen, dass es rund bleibt. Dazu werden wir in einem späteren Abschnitt (S. 48) kommen.

Hier ist der Holzknoten klar zu erkennen. Achten Sie auf Punkte, um die sich die Rinde scheinbar nach außen kräuselt.

Suchen Sie Holz für eine Schale, dann prüfen Sie den Baum und suchen Sie Knoten unter der Rinde. Diese können schwierig zu finden sein, sind aber meist an gekräuselter Rinde rund um einen Mittelpunkt erkennbar.

Wenn Sie Grünholz eine Weile lagern möchten oder so viel davon haben, dass Sie es nicht zeitnah verbrauchen können, dann lassen Sie es am besten so lang wie möglich. Klötze werden im Hirnholz reißen, was die Stabilität des Holzes herabsetzt. Deshalb werden die letzten paar Zentimeter eines Klotzes oder Brettes meist gekappt. Wenn man Stücke zu früh ablängt, reißen sie an beiden Enden, sodass doppelt Material verlorengeht. Lagern Sie Klötze oder Rohlinge kurzzeitig ein, sollten Sie sie in Plastik einwickeln. Sie können schon unmittelbar nach dem Sägen zu reißen beginnen, also lassen Sie sie nicht länger als nötig ungeschützt.

Klötze sollten an den Enden zusätzlich schnellstmöglich versiegelt werden, um das Reißen zu verhindern. Dafür können Sie handelsüblichen Hirnholzschutz verwenden, aber auch Reste von Fassadenfarbe – insbesondere ölbasiert – und Bitumen sind geeignet. Wenn Sie neue Rohlinge brauchen, sägen Sie sich einfach etwas ab und versiegeln den Rest wieder.

# Wie man das Holz vorbereitet

## Getrocknetes Schnittholz

Das meiste Drechselholz kommt in Form von Brettern daher. Bretter sind wirtschaftlicher als vorgesägte Holzrohlinge. Aber um mit ihnen an der Drehmaschine arbeiten zu können, müssen Sie sie passend ablängen. Das können Sie per Hand machen, aber Elektrowerkzeuge sind sicher hilfreich. Der Drechsler kann eine Bandsäge gut gebrauchen, weil sie sich für alle Vorbereitungen an einem Brett eignet. Damit können Sie Länge und Breite zusägen und sogar die Rohlinge für Schalen zylindrisch formen. Sie sind groß und teuer, falls Sie also keine haben, kann schon eine Kreissäge weiterhelfen.

Bei Bailey Woods Products in Kempton, Pennsylvania, gibt es eine große Holzauswahl für Schalen und das Drechseln „zwischen Spitzen“. Im US-Nordosten, wo viele der besten Laubhölzer wachsen, ist der familiengeführte Holzhandel die Regel.

Wer Zugang zu einer Kapp- oder Tischkreissäge hat, kann damit Bretter schnell zuschneiden.

Die sinnvolle Stärke des Holzes hängt davon ab, was Sie daraus drechseln wollen. „Zwischen Spitzen“ wird für die meisten Projekte 4 cm starkes Holz gedreht, wohingegen eine Stärke von 5 cm sich besonders gut für Nudelhölzer und Möbelteile eignet. Sie werden ein Gefühl dafür bekommen.

Um Ihr Brett für die Drehmaschine vorzubereiten, müssen Sie es normalerweise erst einmal ablängen. Dafür eignet sich jedes Werkzeug, aber mit einer Kappsäge kommen Sie am schnellsten zu geraden Kanten. Oft bekommen Sie aus einem Holz mehr nützliche Stücke heraus, wenn Sie es länger lassen. Wenn Sie z.B. ein paar Honigheber aus einem 5 cm starken Brett drechseln wollen, dann können Sie noch ein Nudelholz herausbekommen. Sägen Sie erst 60 cm ab, die Länge Ihres Nudelholzes, dann zeichnen Sie 5 cm breite Streifen an. Diese können Sie dann für kleinere Gegenstände noch weiter ablängen.

Als Nächstes müssen Sie die Breite zuschneiden. Wenn das Brett auf der Unterseite und am Rand plan ist und sich an einen Anschlag andrücken lässt, können Sie die Tischkreissäge nutzen. Aus Sicherheitsgründen muss das Holz unbedingt plan sein! Für Stücke, die nicht plan oder zu dick sind, eignen sich Band- oder Kreissäge besser.

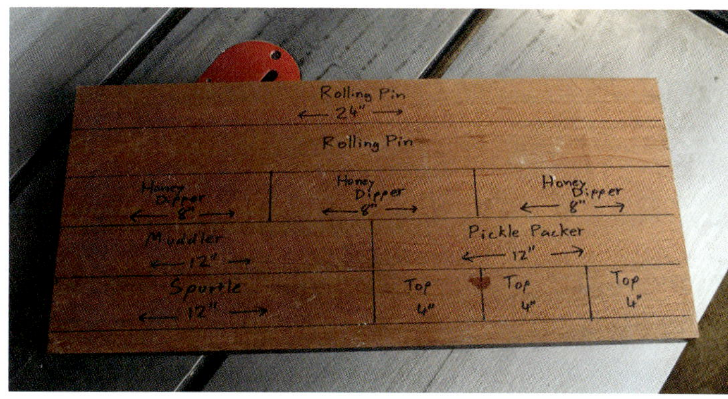


Indem Sie ein größeres Brett verwenden und Ihre Projekte sorgfältig durchplanen, können Sie mehr aus einem einzigen Stück Holz herausholen!

### Sparen Sie Zeit beim Drehen „zwischen Spitzen“!

Wenn Sie Ihre Rohlinge auf die richtige Breite gesägt haben, können Sie die Ecken abschlagen, damit sie runder werden. Das spart Zeit beim Drechseln, besonders wenn Sie viele Stücke mit ähnlichen Abmessungen fertigen.

Bandsägen haben meist Anschläge, um gerades Sägen zu erleichtern. Sie sägen jedoch nicht immer präzise, und wenn das Sägeblatt wandert, verhindert der Anschlag eine Korrektur durch Verschieben des Brettes. Oft ist es besser, entlang eines Bleistiftstriches oder einer Schlagschnur zu sägen.

Wenn Sie eine Bandsäge verwenden, müssen Sie stets bedenken, wo sich Ihre Hände und Ihr Körper im Verhältnis zum Sägeblatt befinden. Zwischen Fingern und Sägevorgang sollte immer ein Sicherheitsabstand liegen. Nutzen Sie notfalls Stäbe zum Halten. Wenn Sie sich dem Ende eines Schnittes nähern, können Sie um das Blatt herumgreifen, um das Holz zu ziehen. Sollten Sie einmal Probleme haben, schalten Sie die Maschine ab und lassen sie auslaufen, bevor

Sie Ihr Werkstück zu lösen versuchen. Ein Stück bei laufendem Betrieb aus der Maschine zu ziehen kann das gesamte Sägeblatt herausreißen!

Denken Sie daran, dass Sie Ihr Holz fixieren müssen, andernfalls wird es vibrieren, wodurch Ihr Schnitt ungenau wird und das Sägeblatt Schaden nehmen oder brechen kann. Sägen Sie mit der Bandsäge niemals ein rundes Stück, wie einen Ast oder Klotz, wenn Sie keine geeignete Spannvorrichtung oder Befestigung verwenden. Wollen Sie Rohlinge für Schalen vorbereiten, brauchen Sie eine plane Fläche, die auf dem Sägetisch aufliegt.

## Grünholz für Schalen

Als ich mit den Schalen begann, arbeitete ich vor allem mit gesammeltem Holz. Ich hatte noch nicht so viel Werkzeug, deshalb längte ich die Stücke mit einer Spannsäge ab und spaltete sie dann mit einem Keil, um eine Fläche zur Befestigung an der Planscheibe zu schaffen. Das ging ganz gut, aber heute habe ich den Luxus von Ketten- und Bandsägen. Beachten Sie Folgendes bei Auswahl und Vorbereitung von Grünholz direkt vom Baum.

Wenn Sie eine Schale herstellen wollen, dann ist es am effizientesten, diese seitlich vom Mark (dem „Herz" des Baumes) anzulegen. Das Mark wollen Sie nicht mitdrechseln, weil das Holz darum herum sternförmig reißt. Am besten ist, es schon bei der Vorbereitung herauszusägen oder an der Drechselbank abseits vom Mark zu arbeiten.

Wenn Sie Ihr Holz für eine Schale selbst sägen, messen Sie zuerst den Durchmesser des gewünschten Stückes, um die maximale Breite des Gefäßrandes zu kennen. Dann ablängen.

Wenn der Klotz abgesägt ist, müssen Sie ihn halbieren. Sie können dazu Keile oder eine Axt verwenden, aber mit der Kettensäge geht es besser. Wenn Sie das Schwert der Säge oben gegen die runde Schnittfläche führten, würden Sie ins Hirnholz sägen. Darauf ist die Sägekette nicht ausgelegt, also legen Sie den Klotz seitwärts auf eine Unterlage, damit die Kette nicht auf den Boden schlägt, wenn Sie durchgesägt haben. Bodenkontakt stumpft die Säge ab und kann zu Verletzungen führen. Legen Sie Keile aus Holzresten oder einen Ast unter, um den Klotz am Wegrollen zu hindern. Führen Sie das Schwert längs durch den Klotz und schneiden Sie geradewegs abwärts durch das Mark. Alternativ können Sie auf beiden Seiten des Markes sägen und es dann komplett herausschneiden. Den Bereich seitlich vom Mark kann man oft trocknen und „zwischen Spitzen" drehen.

Den Klotz zum Halbieren auf die Seite legen und gegen das Wegrollen absichern. Legen Sie ihn nicht direkt auf den Boden!

Nach dem Halbieren können Sie den Rohling direkt auf die Drehmaschine spannen, aber es hilft, vorher noch die Kanten zu kappen oder das Stück sogar rund zu sägen. Das geht mit der Bandsäge am einfachsten. Denken Sie daran, dass der Bereich unter dem Schnitt immer gestützt sein muss. Deshalb sollte die plane Oberfläche immer auf dem Sägetisch aufliegen! Um die Ecken zu beseitigen, können Sie nach Augenmaß sägen oder eine Vorlage aus Restholz verwenden. Wenn Sie keine Bandsäge haben, kappen Sie die Ecken mit der Ketten- oder Kreissäge.

## Muster für Schalenrohlinge

Sie können ein paar schnelle Muster herstellen, um das Zusägen auf der Bandsäge zu vereinfachen. Zeichnen Sie mit einem Zirkel Kreise in den gebräuchlichsten Durchmessern auf Sperrholzstücke. In die Mitten bohren Sie jeweils ein 5-mm-Loch. Sägen Sie die Scheiben auf der Bandsäge. Nun können Sie sie auf der Oberseite Ihres Schalenrohlings anschrauben, um eine Vorlage zum schnellen Zusägen des Rohlings zu haben.

Es gibt noch viele andere Wege, Schalenrohlinge aus einem Klotz zu sägen, besonders bei einem größeren Klotz. Diese Vorgehensweisen werden unterschiedliche Effekte auf die Maserung haben und bestimmen, wie sich die Schale verzieht. Bei der ersten Methode, bei der das Mark in der Mitte sitzt und die Jahresringe grob der Form der Schale folgen, wird diese sich vom Mark weg verziehen, sodass der Übergang zum höchsten Punkt am Rand wird. Die Schale wird diese beiden Punkte noch zusätzlich weiter auseinanderziehen.

Geviertelte Rohlinge verziehen sich weniger stark. In ihnen herrscht weniger Spannung, weil die Maserung von oben bis unten gleichmäßig verläuft. Das kann gelegentlich sehr wichtig sein, etwa wenn Sie einen Teller herstellen wollen.

Auch weisen einige Holzsorten, etwa Eiche, Kirsche und Buche, in diesem Bereich hübsche Stepp- oder Scheckmuster auf, die sehr gefällig aussehen können.

Wenn Sie aus einem Klotz Schalen in unterschiedlichen Größen drechseln wollen, sägen Sie ihn auf die Länge des größten Stückes zu. Aus einem von diesen ähnlich großen Stücken mehrere Schalen zu schaffen, holt das meiste aus dem Material heraus. Es kann hilfreich sein, auf dem Hirnholz mit Tafel- oder Holzkreide anzuzeichnen, welche Stücke Sie wie nutzen möchten. Die geviertelten Bereiche seitlich des Markes können für Teller und Untertassen verwendet oder getrocknet und „zwischen Spitzen“ gedreht werden.

Unterschiedliche Zuschnitte werden unterschiedliche Maserungseffekte erzeugen und das spätere Aussehen Ihrer Schale beeinflussen.

## Möglichkeiten zum Vorbereiten von Rohlingen

Der einfachste Weg, einen Klotz für eine Schale vorzubereiten, ist es, ihn einfach zu halbieren, doch es gibt noch andere Möglichkeiten.

Auf diesem Wege erhalten Sie eine größere Vielfalt an Schalen. Die größte Schale wird auf beiden gegenüberliegenden Seiten etwas Splintholz haben, die anderen Schalen nur auf einer Seite oder auf einer Seite und am Boden. Da der größte Rohling mit 46 cm den doppelten Durchmesser des nächstkleineren hat, kommen beim Halbieren zwei Schalen letzterer Größe heraus.

Hier schließlich würden Brüche in den mit X markierten Markbereichen das Holz unbrauchbar machen. Die Schalen werden deshalb verschoben. Die beiden dünnen Rohlinge in der Mitte, die fast wie beim Vierteln gesägt werden, werden dadurch stabiler und verziehen sich weniger. Dieser Bereich ist ideal für Schalen und Teller.

## Holz laminieren

Beim Laminieren werden mehrere Holzstücke zusammengeleimt. Mit gut getrocknetem Holz entstehen dadurch größere Stücke zum Drechseln, als Sie aus einem einzelnen Brett herausbekämen. Es lässt sich auch nutzen, um interessante visuelle Effekte zu erzeugen, indem Stücke unterschiedlicher Färbung laminiert werden.

Um gut verleimt werden zu können, muß das Holz trocken und glatt sein. Die Oberflächen müssen abgehobelt werden, auch wenn manchmal eine gut eingestellte Bandsäge ausreichend glatte Oberflächen schaffen kann. Die meisten Holzhändler werden Ihnen das Holz für einen symbolischen Preis auch hobeln. Wenn Sie vorgehobelte Bretter kaufen, messen Sie mit einem Lineal nach, ob diese nicht zu stark verdünnt worden sind.

Richten Sie Ihre Bretter längs aus und bestreichen Sie die aufeinandertreffenden Flächen mit einer dünnen Schicht Holzleim.

Wenn Sie die Stücke zusammenspannen, verteilen Sie den Druck möglichst über die gesamte Oberfläche. Setzen Sie die Schraubzwingen in regelmäßigen Abständen, nicht weiter als 15 bis 20 cm auseinander. Wenn die Stücke sehr hoch sind, staffeln Sie die Zwingen, sodass Sie oben und unten spannen. Nehmen Sie lieber zu viele Zwingen als zu wenige. Wenn zwischen den Stücken Leim herausquillt, haben Sie genug verwendet. Wischen Sie den Überschuss ab. Denken Sie daran, dass sich Hirnholz nicht gut leimen lässt, und versuchen Sie niemals, ein Stück Holz durch Anleimen zu verlängern.

Richten Sie Ihre Bretter längs aus. Alle Oberflächen, die Kontakt miteinander haben werden, sollten mit einer dünnen Schicht Holzleim überzogen werden. Nehmen Sie sich Zeit zum gleichmäßigen Verstreichen, aber bedenken Sie, dass die meisten Leime sich nur ca. 10 Minuten lang bearbeiten lassen. Hoffen Sie nicht darauf, dass sich der Leim unter Druck von selbst verteilt. Tut er nicht. Nehmen Sie einen Pinsel oder eine Rolle, um schneller zu arbeiten. Ein Silikon-Küchenpinsel hilft und ist leicht zu reinigen.

Spannen Sie Ihre Bretter fest und gleichmäßig zusammen.

## Die sichere Befestigung

Für Sicherheit an der Drehmaschine muss Ihr Werkstück sicher befestigt sein, damit es sich unter dem Widerstand Ihrer Werkzeuge, der Kraft beim Drehen und der Wirkung Ihrer eigenen Unachtsamkeit nicht löst. Die meisten Drechselverfahren bedienen sich der Methode „zwischen Spitzen", bei der das Werkstück zwischen zwei Spitzen, Mitnehmer und Körnerspitze, genau eingepasst und gehalten wird. Das nennt man „zwischen Spitzen drehen".

Auf der Spindelstockseite wird das Stück gedreht. Es ist wichtig, dass die Verbindung zwischen Holz und drehendem Teil sehr fest ist. Ein Stirnmitnehmer ist das häufigste Verbindungsstück beim Drehen zwischen Spitzen. Er hat zwei senkrechte Zacken mit Meißelspitzen und mittig einen Dorn. Damit greift er in das Hirnholz des Werkstückes. Auf der anderen Seite hat er einen verjüngten Schaft, der in die Hohlspindel am Spindelstock passt. Durch die Verjüngung rastet der Schaft ein, sobald sich Druck aufbaut.

Der Mitnehmer kann mit einem Hammer in das Werkstück geschlagen oder in einen passenden Sägeeinschnitt am Ende des Holzes geschoben werden. Um das Verfahren zu beschleunigen, ist ein Einschnitt hilfreich. Er bietet auch bessere Angriffsfläche für die Zacken, um ein Rutschen des Holzes zu verhindern, und lässt sich auf der Bandsäge im Nu sägen.

### Halterung für den Mitnehmereinschnitt

Wenn Sie eine Tischkreissäge haben, können Sie einfach eine Halterung sägen, um auf der Bandsäge schnell Einschnitte an den Enden Ihrer Werkstücke zu fertigen. Fangen Sie mit ganz normalem Stangenholz an. Stellen Sie das Sägeblatt auf 45° und ca. zwei Drittel der Höhe des jeweiligen Stückes ein. Stellen Sie den Anschlag so ein, dass die Zähne des Sägeblattes die Mitte des Holzes treffen. Sägen Sie das Stück komplett durch und nutzen Sie Stäbe zum Halten, um Ihre Hände zu schützen. Danach drehen Sie das Stück um 180° und wiederholen das Ganze von der anderen Seite, wodurch ein dreieckiges Stück Restholz wegfällt. Jetzt können Sie Ihre Rohlinge in die Furche legen, die Sie im Restholz geschaffen haben, und sie so auf der Bandsäge stabilisieren. Bringen Sie die Oberkante des Stückes auf Linie mit dem Sägeblatt, sägen Sie ca. 3 mm hinein, dann ziehen Sie das Blatt wieder heraus. Drehen Sie das Holz und sägen Sie nochmals senkrecht, damit der Mitnehmer greifen kann.

Ein Stebcenter bietet einen Ring aus Mitnehmerzähnen um eine gefedert gelagerte Spitze. Er greift fest ins Holz und hält es eisern.

Eine Alternative zum Stirnmitnehmer ist der Stebcenter. Auf diesem Mitnehmer sitzt ein Ring aus Zähnen um einen federgelagerten Dorn. Dieser Mitnehmer bietet einige Vorteile: Er ist schnell und einfach anzubringen, lässt sich an Einschnitten oder Vorbohrungen ausrichten und wird durch Gegendruck vom Reitstock gesichert.

Die Körnerspitze sitzt normalerweise am Reitstock. Sie dreht sich frei auf einer Halterung und sorgt für seitliche Unterstützung, indem sie das Werkstück gegen den Mitnehmer drückt, um das Holz sicher zu halten. Kegelförmige Teile münden in eine feine Spitze, die in eine Vorbohrung passt oder in das Hirnholz gedrückt werden kann. Manchmal werden Sie den dahinter liegenden Kegel nutzen, um ein Werkstück mit größerer Bohrung zu halten. etwa beim Drechseln einer Pfeffermühle. Normalerweise wird dieser Kegel auf die Spitze aufgezogen und kann bei Bedarf entfernt oder getauscht werden.

Da die Kräfte beim Drehen einer Schale viel größer ausfallen als „zwischen Spitzen", ist eine Planscheibe der sicherere Weg, den Rohling zu befestigen.

Hier sehen Sie einen Schwalbenschwanz-Einschnitt in ein Werkstück. Diese sichere Verbindung erlaubt sichere Aushöhlungs- und Bohrungsoperationen und sorgt für sicheren Halt während der Arbeit.

Wenn Sie mit Schalen arbeiten, fallen die Kräfte viel größer aus. Deshalb brauchen Sie eine sichere Form der Fixierung. Für das Drehen von Schalen sind Planscheiben ideal. Diese flachen Scheiben haben Löcher, durch die sich Schrauben in die plane Oberfläche drehen lassen, die später ausgehöhlt wird (es entsteht also kein Schaden an der Schale). Ich bevorzuge Holz- oder andere gehärtete Schrauben für die Sicherung des Werkstückes. Spaxschrauben können brechen. Wenn der Rohling an der Planscheibe festgeschraubt ist, wird die Scheibe auf die Spindel gefädelt, damit die Außenseite der Schale geformt werden kann.

Eine nette Alternative zur Planscheibe ist bei kleineren Schalen die „Holzwurm"-Schraube. Das ist eine Gewindestange, die in das 4-Backen-Drechselfutter passt. Dann bohrt man noch ein passendes Loch in die Fläche des Schalenrohlings, damit „Holzwurm" und Futter für eine sichere Verbindung in den Rohling geschraubt werden können. So gibt es nur eine einzige Kontaktstelle statt vieler davon, was für weniger Schäden an der Oberfläche sorgt. Damit sparen Sie auch Zeit, wenn Sie mehrere Schalen herstellen wollen.

Nach Drechseln der Außenseite der Schale wird diese in ein 4-Backen-Drechselfutter eingespannt. Zuerst wird ein scheibenförmiger Zapfen auf die Basis der Schale gedreht. Manche Spannbacken haben Schwalbenschwanzform, was den Sitz sichert, wenn der Zapfen entsprechend geformt ist. Wenn die Backen eine gezähnte „Profilform" haben, sollte der Zapfen direkt auf die Schalenbasis zulaufen oder nur leicht geschwänzt sein. Er darf niemals trichterförmig sein, sonst rutscht das Werkstück heraus. Wenn sie einmal in den Futterbacken sitzt, kann eine Schale/Kiste ausgehöhlt werden, oder Sie setzen ein Bohrfutter in die Körnerspitze.

Wenn der Rohling groß und kantig genug ist, können Sie zum Drehen auch ein Drechselfutter verwenden.

Mit einem Drechselfutter können Sie auch „zwischen Spitzen" drehen. Wenn der Rohling eckig und lang genug geschnitten ist, können Sie ihn direkt in das Futter einsetzen. Die Ecken können zwischen den Futterbacken zu liegen kommen.

### Klemmfutter für Schalen

Es gibt viele Möglichkeiten, Ihr Werkstück mit Drechselfuttern sicher an der Drehmaschine zu befestigen. Mit einem Klemmfutter können Sie beispielsweise eine Kiste festspannen, ohne das Holz zu beschädigen. Diese sind speziell dafür ausgelegt, das Innere der Kiste nur mit der Reibung von Holz auf Holz zu halten.

Ein einfaches Klemmfutter am Reitstock mit einem Stück Schaumstoff verhindert, dass beim Entfernen des Zapfens die Oberfläche der Schale entfernt wird. Das Futter eignet sich zum Drehen „zwischen Spitzen" mit einem passenden Zapfen für Ihr 4-Backen-Futter. Eine kleine Vertiefung in der Mitte stellt sicher, dass der größere Ring das Innere der Schale fasst und alles zentriert bleibt. Klemmfutter lassen sich für große und kleine Drechselarbeiten herstellen.

# Werkzeuge und Techniken

## Das „ABC des Drechselns"

Das Drechseln besteht im Prinzip aus drei wesentlichen Elementen – manche Dreher würden sagen, dass der „Tanz", also die für einige Schnitte notwendige Körperbewegung, als viertes Element noch dazugehört. Dies ist die Grundlage Ihres Drechselwissens, also sollten wir es betrachten, bevor wir einzelne Werkzeuge besprechen.

Fixieren Sie Ihr Werkzeug an der Werkzeugauflage.

Sie müssen Ihr Werkzeug an der Werkzeugauflage fixieren (A wie *Anchoring*). Der meiste Druck, den Sie beim Drechseln ausüben, zielt nicht auf das sich drehende Holz, sondern auf die Auflage. Wenn Sie eine Kraft auf das Holz wirken lassen, so drückt dieses das Werkzeug zu Ihnen, und Sie drücken es wieder zurück. Dieses Hin und Her zwischen Holz und Dreher macht es praktisch unmöglich, das Holz zu zentrieren. Es führt zu einem Spiraleffekt, der das Holz wie ein Korkenzieher aussehen lässt. Wenn Sie Ihr Werkzeug an der Werkzeugauflage fixieren, macht die Drehung der Maschine die Arbeit des Materialentfernens für Sie. Sie müssen sich nicht bemühen, das Werkzeug ins Holz zu drücken. Wenn das Werkzeug das Holz berührt, dann fixieren Sie es und lassen Sie die Drehung der Maschine ihm folgen.

Senken Sie die Fase des Werkzeuges behutsam ins Werkstück.

Die Fase des Werkzeuges (B wie *Bevel*) wird behutsam in das sich drehende Werkstück gesenkt. Um den idealen Punkt zu finden, fixieren Sie das Werkzeug an der Auflage. Dann drücken Sie den Griff zuerst herunter, sodass die Schneide nach oben zeigt. Nun heben Sie Ihre Führhand mit dem Griff langsam und senken dadurch die Schneide auf das Holz hinab, bis sie greift. Es kann sein, dass das Werkzeug erst klappert und hüpft, wenn das Holz gegen seine Unterseite schlägt, bis der passende Winkel erreicht ist und die gewünschte Abschälung des Holzes einsetzt.

Daraus wird der Schnitt (C wie *Cut*). Wenn dieses „ABC" zusammenwirkt, liegt das fixierte Werkzeug sicher auf, seine Fase berührt das Holz und liegt auf der Oberfläche des Holzes auf. Wenn Sie dann den Werkzeuggriff heben und dabei die Schneidkante absenken, beginnt der Schnitt.

Bewegen Sie das Werkzeug von einer Seite zur anderen, während Sie den Griff rechtwinklig zum Bankbett und zur Drehung des Werkstückes halten. Das ist der bereits erwähnte „Tanz" (D wie *Dance*). Sie sollten nicht starr an einer Stelle stehen bleiben, während Ihr Oberkörper hin und her schwenkt wie ein Rasensprenger. Der Griff muss rechtwinklig zur Drehung bleiben. Der Tanz kann expressionistisch ausfallen. Sie können hin und her swingen oder gleiten, aber lassen Sie den Rucki Zucki sein! „Das linke Beinchen vor" und Drehen klingt vielleicht lustig, aber Sie müssen das Werkzeug gleichmäßig führen, um eine zylindrische Form zu schaffen. „Das ist die neue Masche!"

## Basiswissen Werkzeuge

Sie brauchen nur wenige einfache und hochwertige Drechselwerkzeuge, um loszulegen.

Wenn Sie nur kurz im Internet nach „Drechselwerkzeug" suchen, werden Sie schon mit Ergebnissen überschüttet. Nicht nur mit unterschiedlichen Werkzeugarten, sondern auch Dutzenden verschiedenen Stahlsorten, Herstellern und Eigenschaften. Geben Sie etwas mehr aus, um Qualitätsware zu erhalten. Die brauchen Sie nur einmal zu kaufen, dadurch ist sie auf lange Sicht günstiger als Billigprodukte, die Sie bald ersetzen müssen. Außerdem brauchen Sie zuverlässiges Werkzeug, wenn Sie eine neue Technik lernen wollen.

Womit also anfangen? Einfache Objekte lassen sich mit wenigen Werkzeugen schaffen. Für unser erstes Projekt, einen Holzhammer, brauchen Sie nur eine Schrupppröhre, einen Abstecher und eine Spindelröhre. Sinnvoll ist, dem Einsteigerbesteck noch einen gerundeten Schaber und einen Flachmeißel hinzuzufügen. Eine Schalenröhre brauchen Sie für Schalen, sie kann aber auch bei anderen Projekten hilfreich sein. Sie können auch ganze Drechselwerkzeug-Sets kaufen, aber bitte von einem guten Hersteller. Empfehlen kann ich ohne Zögern Robert Sorby, Crown und Henry Taylor. Halten Sie sich von Billigware fern. Werkzeuge bekommen Sie im Eisenwarenladen und online.

Von links nach rechts: Spindel-Schrupppröhre, Abstecher (rautenförmig), Spindelröhre, Schaber (gerundet), Flachmeißel, Schalenröhre.

**Ob Sie Ihr Werkzeug nun einzeln oder im Set kaufen, Folgendes sollte auf jeden Fall dabei sein:**

- Spindel-Schrupppröhre (19 mm oder größer),
- rautenförmiger Abstecher (4,8 mm),
- Spindelröhre (9,5 mm),
- gerundeter Schaber (13 mm),
- Flachmeißel (19 mm),
- Schalenröhre (9,5 mm sowie 13 oder 16 mm).

## Stahlsorten

Eine weitere wichtige Frage ist die nach der richtigen Stahlsorte. Es gibt bei der Herstellung von Stahl für Drechselwerkzeuge viele verschiedene Arbeitsweisen und Verfeinerungen. Der Preis ist ein guter Maßstab der Qualität. Im Folgenden ein grober Überblick der beliebtesten Sorten:

Molybdänstahl (HSS 1.3343) ist weit verbreitet und in hoher Qualität einfach erhältlich. Er bietet eine hervorragende Schneidleistung und ist nicht sehr teuer. Er bleibt allerdings nicht so lange schnitthaltig wie einige Alternativen.

Kobaltstahl ist extrem fest, hat aber keine so feine Schneidfase wie Molybdänstahl, sodass die geschnittene Oberfläche im Holz etwas grober ausfällt.

Tieftemperaturstahl (EN 10028-4), auch Kaltzähstahl genannt, hat einige interessante Eigenschaften. Er bleibt länger schnitthaltig als Molybdänstahl, aber lässt sich feiner schleifen als Kobaltstahl. Der Preis ist meist in Ordnung, sodass Sie einen guten Allzweckstahl bekommen.

Einige Hersteller bieten Stahl aus pulvermetallurgischen (PM) Fertigungsverfahren an. Dieser bleibt sehr lange schnitthaltig, aber die Fase fällt nicht so fein aus wie bei anderen Stahlsorten. Sie können damit Grobarbeiten an Schalen vornehmen, aber er ist kein Allzweckstahl.

Hoch-Kobaltstahl (HSS 1.3247) ist der teuerste Stahl, und das ist bei seinen Eigenschaften kein Wunder. Er bleibt 5- bis 6-mal so lange schnitthaltig wie Molybdänstahl und lässt sich fein schleifen. Aufgrund seiner erhöhten Festigkeit und der Zeitersparnis beim Schärfen ist er sein Geld allemal wert.

Werkzeuge mit Karbidspitzen erzielen schnell ansehnliche Ergebnisse, sind aber nicht so vielseitig verwendbar wie traditionellere Werkzeuge. Erfahrene Drechsler haben wenig Verwendung für sie.

### Das 4-Backen-Drechselfutter

Sie brauchen für alle möglichen Projekte ein Spannfutter, doch am meisten zum Schalendrehen. Es wird auf die Drehspindel geschoben und dort mit einem Schlüssel festgedreht, damit es ein Materialstück greifen und halten kann; dieses ist dann also nur am Spindelstock befestigt. Sie können so das Innere einer Schale aushöhlen, mithilfe eines Jacobs-Bohrfutters einen Rohling ausbohren, oder Sie verfeinern das Ende eines Werkstückes, wie wir es beim Kreisel machen werden.

Spannfutter gibt es in vielen verschiedenen Größen. Wenn Sie eine große Drechselmaschine haben und viele Schalen drechseln wollen, leisten Sie sich eines der größeren Modelle. Wenn Sie es nur gelegentlich brauchen werden, genügt eine bescheidenere Größe. Finger weg von qualitativ minderwertiger Ramschware. Achten Sie beim Kauf darauf, dass Futter und Drechselmaschine die gleiche Gewindegröße haben!

Spannfutter kann auf zwei Weisen funktionieren: Entweder wird es um das Material herum zusammengezogen oder greift von innen in einen Einschnitt, der ins Material gesetzt wird. Druck von außen ist die Regel und hält das Werkstück sicherer. Der Innensitz verbraucht weniger Material, aber das

4-Backen-Drechselfutter mit Futterschlüsseln.

Stück kann leichter davonfliegen, von den Backen beschädigt werden oder an den Kontaktstellen Macken davontragen.

Sie können die Futterbacken (die Teile, die ins Material greifen) auch austauschen. Das mitgelieferte Standard-Set wird für die meisten Schalen und andere Projekte genügen. Der zu fassende Zapfen wird meist nicht länger als 6,4 cm sein. Größere Backen sind für große Schalen interessant.

Ein Jacobs-Bohrfutter funktioniert wie das Bohrfutter in Standbohrer oder Handbohrmaschine. Mit einem Schlüssel werden die Backen um den Bohrer festgezogen. Auf der anderen Seite des Futters liegt ein sich verjüngendes Ende, das durch Gegendruck im Reitstock der Drechselmaschine hält. Nach der Befestigung dreht man das Handrad, um den Bohrer vorzuschieben.

### Planscheiben

Wenn Sie Schalen drechseln, bieten Planscheiben die zuverlässigste Möglichkeit, schwere Rohlinge zu befestigen. Diese stabilen Metallscheiben haben Löcher, durch die hindurch Sie Schrauben an Stellen, die später für die Höhlung weggeschnitten werden, ins Holz drehen können. Nach dem Befestigen des Rohlings wird das Gewindeloch in der Mitte der Scheibe auf die Drehmaschinenspindel geschraubt, um eine sichere Verbindung herzustellen.

### Schiebelehren/Messschieber

Schiebelehren sind unerlässlich, wenn Sie ein Muster wiederholen oder auf Symmetrie achten wollen. Digitale Messschieber helfen bei der genauen Bestimmung von Maßen. Verwenden Sie nach Möglichkeit einen mit frei einstellbarer Messgröße, um nicht im Kopf umrechnen zu müssen. Sie sollten außerdem Greifzirkel („Außentaster“) beschaffen. Diese Messschieber sind tränenförmig und haben am oberen Ende oft eine Stellschraube. Das ist sehr nützlich, weil sie nach dem Feststellen über das Werkstück geschoben werden können, während es rotiert. Mehrere davon zu haben hilft Ihnen sehr, wenn Sie komplexere Objekte drechseln oder ein Muster wiederholen wollen. Am besten nehmen Sie welche in unterschiedlichen Größen, damit sie leicht unterscheidbar sind, wenn sie auf verschiedene Maße eingestellt sind. Sie können aber auch verschiedene Farben oder Markierungen verwenden. Nach dem Gebrauch des Abstechers werden Sie vielleicht noch etwas nachjustieren müssen.

Verschiedene Messschieber.

**Weitere Werkzeuge, die Sie brauchen werden:**

- Maßband oder Lineal,
- Bleistifte,
- Bohrer,
- Handsäge.

Bevor Sie sich die Projekte in diesem Buch anschauen, lesen Sie die folgenden Beschreibungen der Werkzeuge und ihre Gebrauchsanweisungen. Lesen Sie vor allem noch einmal das „ABC des Drechselns“ (Seite 20) nach, das die Grundlage zum Gebrauch aller Werkzeuge bildet. So bekommen Sie eine grundsätzliche Vorstellung davon, welche Werkzeuge Sie wann benutzen sollten. Das Drechseln lernen Sie nicht vom Lesen, sondern aus der Praxis. Trotzdem sollten Sie schon eine Idee davon haben, was Sie zu schaffen gedenken, auch wenn Sie es noch nicht exakt umsetzen können.

### Die Schrupppröhre

Die meisten Einsteiger greifen gleich nach der Schrupppröhre, wenn sie ein Projekt anfangen. Sie ist in der Regel das größte Drechselwerkzeug und macht den Eindruck, die erste Wahl zu sein, wenn Sie viel Material abzutragen haben, aber sie ist nur zum Drehen „zwischen Spitzen“ geeignet. Niemals für Schalen verwenden! Die Schrupppröhre soll Material abschälen, dessen Maserung parallel zum Bankbett verläuft. Wenn das Holz quer zum Bankbett ausgerichtet ist, wie es bei Schalen ist, wird die Schrupppröhre ins Hirnholz des rotierenden Rohlings fassen und es herausreißen – oder, schlimmer noch, sich verbiegen oder davonfliegen!

Die Schneide der Schrupppröhre ist U-förmig. Wenn Sie einen Winkel über das Ende legen, sollten alle Kanten auf einer Linie liegen, wobei die äußeren auch minimal unterhalb der inneren liegen dürfen. Die Mitte der Schneide wird am meisten beansprucht, aber Sie können die gesamte Schneide bis hinauf zu den äußeren Kanten verwenden. Doch Vorsicht! Wenn diese Kanten irgendwo anstoßen, können sie greifen und Schaden an Holz, Werkzeug oder Ihnen selbst anrichten.

Die gesamte U-förmige Schneide der Schrupppröhre lässt sich zum Schneiden nutzen.

Zum Arbeiten mit der Schrupprôhre richten Sie die Werkzeugauflage knapp unterhalb der Mitte Ihres Werkstückes und parallel zur Drehrichtung aus. Platzieren Sie den Untersatz so, dass die Auflage ca. 13 mm vom Holz entfernt ist. Drehen Sie stets von Hand vor, ehe Sie die Maschine einschalten.

Bekommen Sie ein Gefühl für das Werkzeug, bevor Sie loslegen. Wenn Sie die Röhre halten, sollte Ihr Griff fest, aber nicht verkrampft sein, etwa so wie bei einem Billardstock oder einem Hammer. Sie haben die Kontrolle, aber auch Fingerfertigkeit und ein Gespür für Berührungen und Reaktionen. Ein häufiges Problem für Drechseleinsteiger ist, dass sie zu fest greifen und so das Gefühl für die Wirkung des Werkzeuges am Holz verlieren. Man kämpft dann eher gegen das Holz, als dass man auf seine Besonderheiten eingehen kann.

Beim „Überhandgriff" halten Sie den Griff des Werkzeuges mit Ihrer Führhand, während die nicht dominante Hand einige Zentimeter vor der Schneidfase fasst.

Halten Sie das Werkzeug mit Ihrer dominanten Hand am Griff. Dann können Sie Ihre andere Hand ca. 5 bis 7,5 cm oberhalb der Kante quer über die Röhre legen, mit dem Handballen (am Ende des kleinen Fingers) an der Werkzeugauflage und dem Daumen unter dem Werkzeug. Bei diesem „Überhandgriff" sind die Finger rund um das Werkzeug gefaltet und so geschützt.

Sie können auch im „Unterhandgriff" halten, mit dem Daumen der nicht dominanten Hand oben auf dem Werkzeug und den Fingern darunter. Dieser Griff ist etwas dynamischer und wird für die meisten Drechselwerkzeuge verwendet.

Legen Sie die Röhre auf die Werkzeugauflage, mit dem Griff ein wenig tiefer als die Schneidfase. Das Werkzeug ist also nicht parallel zum Boden ausgerichtet, sondern deutet ein wenig nach oben und niemals abwärts Richtung Boden.

Am besten verwenden Sie die Schrupprôhre, indem Sie das Werkzeug seitlich schieben und ziehen.

Die Schrupprôhre können Sie hin und her schieben oder ziehen. Beide Bewegungen abwechselnd zu verwenden ist effizienter, um Holz grob zu entfernen. Oft ist es beim Ziehen des Werkzeuges durchs Holz einfacher, einen einheitlichen Abstand zu halten, wodurch die Form der Zylinder gleichmäßiger wird.

### Der Abstecher

Der Abstecher ist essenziell für alle Projekte, die „zwischen Spitzen" gedreht werden. Mit diesem Werkzeug bestimmen Sie, wo das Objekt anfängt und aufhört. Sie schaffen auch die Gipfel und Täler, die die Form Ihres Projektes bestimmen.

Die vielseitigsten Abstecher sind die „rautenförmigen" Abstecher. Bei diesen ist der Bereich um die Schneidfase breiter ausgeformt als der Rest des Werkzeuges. So wird das Einklemmen vermieden, da beim Drücken des Werkzeuges ins Holz die entstehende Kerbe breiter ausfällt als das Werkzeug.

Rautenförmige Abstecher werden vertikal auf der Werkzeugauflage ausgerichtet, und zwar mit der schmaleren Fläche auf der Ablage anstatt mit der breiteren.

Um den Umgang mit diesem Werkzeug zu üben, setzen Sie einen Schnitt gemäß dem „ABC". Es liegt mit der schmaleren Fläche auf der Werkzeugauflage, nicht mit der breiteren. Um den richtigen Punkt zu finden, halten Sie den Abstecher zuerst so, dass die Spitze nicht das Holz berührt. Sobald Sie das Werkzeug ins Holz senken, beginnt die Schneidfase, Material abzutragen. Während sich der Durchmesser des Werkstückes verjüngt, heben Sie den Griff langsam, um den Kontakt zu halten. Bei tieferen Schnitten müssen Sie nicht nur die Fase hineinsenken, sondern auch das Werkzeug abflachen. Seine Seiten sind flach, deshalb können Sie den Abstecher nicht seitlich bewegen. Für einen breiteren Schnitt müssen Sie stattdessen mehrere Schnitte unmittelbar nebeneinandersetzen. Setzen Sie den Startschnitt bis zu einer bestimmten Tiefe, dann ziehen Sie den Abstecher gerade wieder heraus und machen links oder rechts mit dem nächsten Schnitt weiter.

Benutzen Sie dieses Werkzeug, um an beiden Enden des Werkstückes eine Stufe zu schaffen. Diese helfen Ihnen, die gewünschte Gestaltung abzumessen und zu planen.

Eine zentrale Funktion des Abstechers ist es, Ihnen bei der Planung Ihrer Drechselarbeit zu helfen. An beiden Enden, an denen das Holz gehalten wird, sollten Sie eine Stufe schaffen, indem Sie einfach hineinschneiden. Diese Schnitte laufen parallel zur Rotation und dienen als Orientierung für die Gestaltung des Materials. Wenn Sie einfach vom Ende des Werkstückes messen, so messen Sie von einer Oberfläche, die nicht exakt senkrecht zur Drehrichtung steht. Das kann die Messung verderben und Formwiederholungen erschweren.

Nutzen Sie Schiebelehren zur Prüfung Ihres Fortschrittes bei Kerben oder anderen Gestaltungen, die unbedingt gleichmäßig ausfallen müssen.

Wenn Sie die Orte der wichtigsten Gestaltungselemente markiert haben, nehmen Sie den Abstecher zur Verjüngung dieser Stellen auf ihr endgültiges Format. Dann verbinden Sie diese Orte, indem Sie eine Kombination anderer Werkzeuge verwenden. Anhand eines Lineals oder fertiger Muster können Sie Schiebelehren voreinstellen. Während Sie mit dem Abstecher schneiden, können Sie dann die Schiebelehren in die Kerben stecken, um den Fortschritt zu prüfen. Mit etwas Übung können Sie versuchen, den Abstecher in Ihrer Führhand und die Schiebelehre in der anderen Hand zu halten. Beim Schneiden liegt die Lehre auf der Kerbe und rutscht hinein, sobald der eingestellte Durchmesser erreicht ist.

**Spindelröhren und Detailröhren**

Spindel- und Detailröhren bieten die Beweglichkeit, die ihr klobiger Vetter, die Schrupppröhre, nicht hat. Diese Röhren kommen zum Einsatz, wenn „zwischen Spitzen" Wülste, Einbuchtungen und andere Details geschnitten werden sollen. Einige Hersteller trennen zwischen Spindel- und Detailröhren, doch die Unterschiede sind minimal; die Begriffe werden oft synonym verwendet. Eine Detailröhre ist stärker, aber beide machen die gleiche Arbeit.

Üben Sie das Schneiden einer Einbuchtung mit der Spindelröhre, so wie hier zu sehen.

Um eine Einbuchtung zu vertiefen, arbeiten Sie von beiden Seiten hinein, um tiefer zu schneiden.

Es gibt eine Reihe von Möglichkeiten, mit einer Spindelröhre zu schneiden. Was Sie zuerst üben sollten, ist das Einschneiden einer Einbuchtung (auch Vertiefung oder Furche) ins Holz. Zum Anfang können Sie die Spindelröhre gerade ins Holz hineindrücken. Auf diese Weise schneiden Sie mit beiden Fasen links und rechts von der Spitze. Die Röhre wird schnell auf Widerstand stoßen, weil eine so große Kontaktfläche gegeben ist. Gebrauchen Sie leichten Druck und schneiden Sie nicht zu tief, damit Sie sich nicht einklemmen. Zur Vertiefung sollten Sie von beiden Seiten hineinschneiden, um eine tiefere und breitere Furche zu schaffen.

## Bestimmung der Drehung nach der Uhr

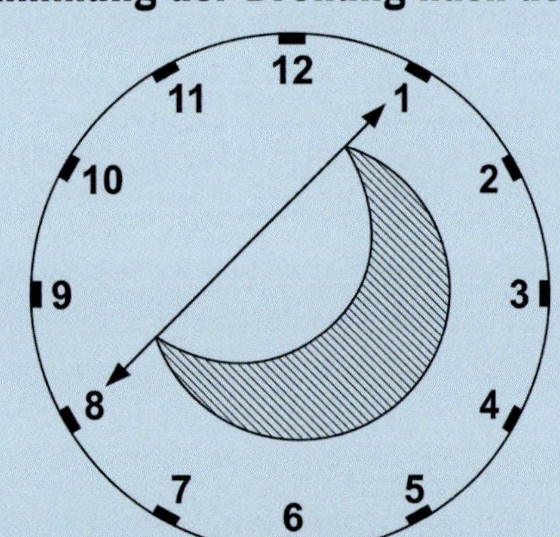


Im Laufe des Textes werde ich die Drehung der Werkzeuge anhand des gedachten Ziffernblattes einer Uhr beschreiben. So können Sie gut nachvollziehen, wie weit Sie das Werkzeug aus der Horizontalen heraus drehen müssen. Mithilfe der Uhr lassen sich auch Missverständnisse vermeiden, weil Drehung und Ausrichtung des Werkzeuges getrennt zu betrachten sind. Die Ausrichtung wird im Winkel zwischen Werkzeuggriff und Bankbett beschrieben werden. Im Beispiel oben ist die Röhre auf 1 Uhr gedreht.

Eine einfache Möglichkeit für Ihre erste Einbuchtung mit der Spindelröhre ist es, mit dem Abstecher anzufangen. Stechen Sie mit dem Abstecher gerade 6,4 mm tief ein. Um von der Linken hineinzuschneiden, setzen Sie die Spindelröhre 6,4 mm links von diesem Stich an. Drehen Sie den Griff des Werkzeuges leicht nach rechts, mit der Oberkante auf ungefähr 11 Uhr. Diese Drehung bleibt während des Schneidens gleich. Die Form des Abschnittes, den Sie schneiden, ändert sich durch die Ausrichtung des Werkzeuges, indem Sie den Griff verschieben. Fangen Sie einfach an und setzen Sie einen einfachen 45°-Schnitt, indem Sie geradewegs in den ersten Stich hineinschneiden. Dabei sollte der Griff gegenüber dem Bankbett leicht angewinkelt sein.

Im Bild sehen Sie die feine Abstimmung zwischen Werkzeugdrehung und seitlicher Bewegung. Führen Sie die Röhre behutsam und bewegen Sie den Griff bogenförmig, um die Einbuchtung schön rund zu formen.

Die Röhre schneidet nicht unmittelbar mit der Spitze des Werkzeuges. Stattdessen schneidet hier aufgrund der Drehung eine Stelle leicht rechts von der Spitze. Diese Drehung stellt beim Schneiden sicher, dass die linke Schnittkante nicht fassen kann, während die Fase durch die soeben geschnittene Fläche unterhalb der Spitze abgestützt wird. So wird der Schnitt stabiler und das Werkzeug erzeugt keine Macken. Beim Schnitt von rechts wird das Ganze spiegelverkehrt durchgeführt.

Um die Einbuchtung auszurunden, bewegen Sie den Griff bogenförmig, während Sie die Spitze voran schieben. Beginnen Sie mit gedrehtem Werkzeug und dem Griff verschoben nach links. Während Sie schneiden, ziehen Sie den Griff weiter nach links. Je weiter Sie ziehen, desto flacher wird der Schnitt. Um eine halbrunde Form zu schaffen, wird das Werkzeug also anfangs weitgehend rechtwinklig zum Bankbett ausgerichtet sein, aber am Ende wird der Griff deutlich stärker angewinkelt stehen.

Formen Sie mit Abstecher und Röhre eine Wulst, indem Sie die Röhre drehen, den Griff nach rechts schieben und dies zum Abschluss auch von der anderen Seite machen.

Um eine Wulst zu formen, wird der Griff ganz ähnlich bewegt. Zum Üben fangen Sie mit dem Abstecher an. Setzen Sie zwei Ringe im Abstand von 2,5 cm. Die Röhre wird mit der Oberkante auf 10 Uhr gedreht, während das Werkzeug in einem eher stumpfen Winkel von ca. 30° zum sich drehenden Rohling gehalten wird. Um die rechte Wulst abzurunden, beginnen Sie in der Mitte zwischen den beiden Ringen. Im Verlauf des Schneidens schieben Sie den Griff vor und nach rechts, sodass die Spitze des Werkzeuges am Ende beinahe längs über das Bankbett zeigt. Sie werden wahrscheinlich mehrere Durchgänge brauchen, um so weit zu kommen. Mit jedem weiteren Durchgang wird der Schwung des Werkzeuges weiter geführt. Zum Abschluss das Gleiche von der anderen Seite tun.

Schneiden Sie mit abgestützter Fase, um Ausrisse zu vermeiden.

Für die Benutzung einer Röhre an der Drechselmaschine ist es essenziell, den Schnitt mit der Fase abzustützen, um Ausrisse zu verhindern. Wir drehen das Werkzeug, um den Schnitt auf nur eine Seite der Spitze zu lenken, sodass die Fase auf dem Werkstück aufliegen kann. Indem Sie den Griff drehen, halten Sie die Schnittkante über dem Holz, sodass sie nicht fassen kann. Um immer daran zu denken, merken Sie sich: Wenn Sie nach rechts schneiden, schneiden Sie rechtsseitig von der Spitze. Wenn Sie nach links schneiden, schneiden Sie linksseitig von der Spitze.

**Der Flachmeißel**

Der Flachmeißel ist als schwierig bekannt, und diesen Ruf hat er wohl verdient. Das sollte den Einsteiger jedoch nicht abschrecken. Als ich das Drechseln lernte, hatte ich keinen mit diesem Werkzeug vertrauten Lehrer, deshalb ließ ich die Finger davon. Das war ein Fehler. Der Meißel ist das für viele Schnitte vielseitigste und wirksamste Werkzeug und kann Ihnen, richtig eingesetzt, sehr viel Schleifen ersparen. Lassen Sie sich von Ausrissen nicht entmutigen. Üben Sie mit Holzresten oder an verzichtbaren Stellen, die Sie problemlos entfernen können, falls es Probleme geben sollte. Aus diesem Grund lasse ich Einsteiger normalerweise mit dem Holzhammer-Projekt anfangen: Am Stiel wird eine Menge Holz entfernt, sodass Ausrisse dort keine Kopfschmerzen bereiten.

Der leichteste Schnitt mit dem Meißel ist der Schälschnitt. Dieser Schnitt ist nur mit einem angemessen vorbereiteten Meißel möglich. Die meisten Meißel werden werksseitig gerade geschliffen, mit einer quer angewinkelten Fase. Ich lasse einige meiner Meißel so, schleife sie aber lieber so um, dass die Fase einen leichten Bogen beschreibt. So kann ich mit dem Mittelteil der Fase schneiden, während Ober- und Unterkante des Werkzeuges aus dem Weg bleiben.

Um einen Schälschnitt zu setzen, legen Sie die breite, flache Oberfläche des Meißels auf die Werkzeugauflage und richten Sie die Mitte der Fase gegen das Werkstück.

Für diesen Schnitt halten Sie das Werkzeug mit der breiten, flachen Oberfläche auf der Werkzeugauflage. Am einfachsten schneiden Sie mit der Mitte oder an der Spitze des Werkzeuges. Folgen Sie dem „ABC“, so wie bei allen anderen Schnitten. Wenn Sie das Werkzeug fixiert haben, senken Sie es langsam aufs Werkstück hinab, bis die Schnittkante fasst. Sie können diesen Schnitt an einer Stelle setzen, das Werkzeug versetzen und ihn an einer anderen Stelle wiederholen oder mit einem eleganten Drechselwalzer über die gesamte Länge der Walze schneiden. Bei letzterer Ausführung sollten Sie mit dem mittleren Drittel der Fase schneiden. Wenn Sie die obere oder untere Spitze ins Holz führen, kommt es zum Ausriss. Der Griff muss immer gleich angewinkelt sein, damit die Fase kontinuierlich mit der Mitte schneidet.

Wird die Walze verschmälert, wandert der Griff nach oben, damit die Fase ihre Position am Holz hält und gestützt wird. Es kann öfters nötig sein, die Höhe der Werkzeugauflage neu einzustellen, wenn sich Holzdurchmesser und Stellung des Werkzeuges ändern.

Ein Hobelschnitt, hier im Bild, schafft eine sehr glatte Oberfläche.

Der vielleicht nützlichste Schnitt mit dem Flachmeißel ist der Hobelschnitt. Er schafft nicht nur eine saubere Oberfläche, sondern auch ein poliertes Aussehen und erspart Ihnen viel Zeit. Die Oberfläche kann davon so glatt werden, dass Sie sie mit 220er-Schleifpapier aufrauen müssen, damit Lack darauf hält. Mit diesem Schnitt komprimieren Sie die Fasern und schließen so die Poren des Holzes.

## Werkzeugkanten abrunden

Die Kante des Flachmeißels ist normalerweise über die gesamte Länge in einem scharfen 90°-Winkel gehalten. Das kann unangenehm werden, wenn Sie ihn mit der Hand halten, und das Drechseln erschweren: Für viele Meißelschnitte muss das Werkzeug auf die Kante gestellt werden. Sie kann sich dann in die Auflage graben und eine saubere Bewegung des Werkzeuges im Schnitt behindern.

Runden Sie diese Kante ab, um die Nutzbarkeit des Werkzeuges zu verbessern. Dafür sollten Sie keine Tischschleifmaschine verwenden. Versuchen Sie, eine Bandschleifmaschine in einen Schraubstock einzuspannen. Sie können die Rundung verstärken, um das Werkzeug leichter drehen zu können. Die Schneidfase wird davon nicht beeinflusst. Wenn nötig, machen Sie das Gleiche mit anderen Werkzeugen.

Dieser Schnitt ist am einfachsten, wenn Sie die Werkzeugauflage etwas höher als bei anderen Schnitten und Werkzeugen einstellen. Die lange Spitze des Meißels reicht über das Werkstück hinaus, während Sie mit dem mittleren Drittel der Schnittkante schneiden. Dafür sollten Sie den Griff in Gegenrichtung zur Bewegung anwinkeln. Sie können sich nach links und rechts bewegen, doch dafür müssen Sie neu ansetzen. Wenn Sie nach rechts schneiden, wird der Griff nach links gezogen, die Spitze liegt auf dem Werkstück auf. Nach links ist es das Gegenteil.

Das letzte Detail ist die richtige Stellung der Fase. Bei diesem Schnitt liegt der Meißel nicht mit der Breitseite auf der Werkzeugauflage auf. Stattdessen wird er so gedreht, dass die Seitenkante über die Auflage gleitet. So kann die Fase durchgängig Kontakt mit dem Werkstück halten. Die Stützung durch die Fase hält das Werkzeug von Ausrissen ab.

Es gibt bei diesem Schnitt also drei Faktoren: Winkeln Sie den Griff an, drehen Sie das Werkzeug für die Stützung der Fase und bewegen Sie sich in Richtung der Werkzeugspitze, die oben auf dem Werkstück liegt. Das Ergebnis sollte eine glatte, glänzende Oberfläche sein. Damit entfernen Sie keine Massen von Holz, sondern verfeinern eine Oberfläche.

Halten Sie den Meißel vertikal, sodass die Fasenecke nach unten zeigt, um einen V-Schnitt zu setzen.

V-Schnitt und Planstich sind im Grunde das Gleiche. Sie haben unterschiedliche Zwecke, aber das Prinzip und die Ausführung sind fast identisch. Sie halten den Meißel senkrecht, sodass die Spitze nach unten zeigt. Für diesen Stich verlassen wir uns ganz auf die scharfe Spitze. Beginnen Sie, indem Sie den Meißel mit der Spitze voran ins Holz drücken. Dadurch entsteht eine V-förmige Furche, aber weil das Holz gegen die Seiten der Fase drückt, kommen Sie schnell nicht mehr weiter.

Bewegen Sie das Werkzeug nach links, während Sie es drehen, um die Furche zu verbreitern und den Stich zu öffnen.

Um die Furche zu verbreitern und den Stich zu öffnen, bewegen Sie sich nach links. Wenn Sie drücken, sollte das Werkzeug leicht nach links gedreht sein, sodass die eben geschnittene Kante eine Oberfläche bildet, an die sich der Meißel anlehnt. Wenn Sie zu weit nach links drehen, bleiben Sie hängen. Drehen Sie zu weit nach rechts, reißen Sie aus oder rutschen quer über das Werkstück. Beim Drücken heben Sie auch den Griff leicht an, um die Spitze in den Stich zu senken. Sie können immer nur eine kleine Menge Holz entfernen, also setzen Sie mehrere kleine Schnitte nebeneinander, bis Sie das Ziel erreicht haben. Zur Rechten wird genauso gearbeitet, nur mit einer leichten Rechtsdrehung.

Das Werkstück wird senkrecht zur Drehrichtung plan gestochen.

Der Planstich funktioniert nach dem gleichen Prinzip, aber bleibt rechtwinklig zur Drehrichtung des Werkstückes. Er ist nützlich, wenn Sie das Hirnholz am Ende Ihres Rohlings begradigen wollen. Die Spitze bleibt nach unten gerichtet, und das Werkzeug liegt zur Unterstützung hochkant auf der Werkzeugauflage. Wenn Sie den Meißel vorschieben, senken Sie die Schnittkante in das Holz hinein, indem Sie den Griff anheben.

Mit dem Wulstschnitt verzieren Sie Ihr Werkstück mit Rundungen.

Schließlich ist da noch der Wulstschnitt. Er verziert Ihr Werkstück mit runden Formen. Schaffen Sie einen Tiefpunkt, indem Sie einen V-Schnitt setzen oder den Abstecher benutzen. Platzieren Sie den Meißel so wie beim Hobelschnitt. Die Fase sollte mit der mittleren oder unteren Sektion der Schnittkante gegen den oberen Bereich der Wulst gedrückt sein. Um zu schneiden, müssen Sie das Werkzeug leicht aus der angelehnten Position drehen, und der Griff sollte weg vom Ziel des Schnittes zeigen. Führen Sie das Werkzeug auf den Tiefpunkt zu, und drehen Sie dabei die untere Kante des Werkzeuges in diese Richtung. Wenn Sie sich nach rechts bewegen, drehen Sie im Uhrzeigersinn. Wenn Sie sich nach links bewegen, winkeln Sie den Griff anders herum, drehen Sie das Werkzeug, sodass die Spitze oben am Werkstück liegt, und drehen Sie beim Schneiden gegen den Uhrzeigersinn.

**Schaber**

Der Schaber lässt sich leichter handhaben als die meisten anderen Werkzeuge. Damit einen üblen Ausriss zu setzen ist fast unmöglich. Er ist zwar benutzerfreundlich, aber hat auch einige Nachteile. Es dauert mit ihm sehr lange, Material zu entfernen, und beim Arbeiten wird die Schneide schnell stumpf. Das liegt daran, dass der Schaber anders schneidet als die übrigen Werkzeuge. Bei Schabern schneidet der erhöhte Grat an der Kante. Wenn Sie mit dem Finger über das Werkzeug fahren und diesen Grat nicht spüren, ist es Zeit zum Nachschärfen. Oft genügen dafür schon ein paar Striche über eine Diamantfeile oder einen Abziehstein.

Der nützlichste Schaber ist der gerundete. Sein Schliff ist vielseitig und lässt sich in Vertiefungen, an Wülsten, auf flachen Oberflächen, sogar in Schalen und an Hirnholz verwenden. Sie können nicht nur die Mitte, sondern die gesamte Schnittkante benutzen; praktisch, weil das Werkzeug so schnell stumpf wird. Sie können das Profil verschiedenen Nutzungsweisen anpassen, sodass es zu Ihren Lieblingsformen passt.

Ein Schaber muss nach unten gerichtet sein, um zu schneiden. Dadurch reißt er nicht aus wie andere Werkzeuge.

Beim Schaber müssen Sie das Werkzeug leicht nach unten richten, um zu schneiden. Bei anderen Werkzeugen könnte so ein gefährlicher Ausriss entstehen, aber hier ist es notwendig. Oft müssen Sie die Werkzeugauflage leicht erhöhen. Dann drücken Sie das Werkzeug leicht ins Holz. Ziehen Sie den Griff nach links oder rechts, um Engstellen zu erreichen oder unterschiedliche Formen zu schneiden.

Der Schaber wird oft für letzte Verfeinerungen benutzt. Wo die Maserung unregelmäßig ist, kann er Oberflächen verfeinern, die von anderen Werkzeugen zerrissen würden. Man kann mit ihm den Innenboden einer Schale säubern, und die lange Kante kann helfen, Stellen mit Werkzeugabdrücken auszubessern. Für letztere Aufgabe bevorzuge ich Schaber mit negativer Fase, die in den letzten Jahren immer beliebter geworden sind.

### Schaber mit negativer Fase

Bei schwieriger Maserung und stark gefladertem Holz können Schaber mit negativer Fase zur Geheimwaffe werden. Oft schaffen Sie eine sehr feine Oberfläche, wo es kein anderes Werkzeug kann. Wie alle Schaber bleiben sie nicht lange scharf, also schärfen Sie für gute Ergebnisse häufig nach.

Der Unterschied zwischen normalem und Schaber mit negativer Fase ist, dass Letzterer auf beiden Seiten geschliffen ist, oben und unten, sodass sich die Schneidfasen in der Mitte treffen. Auch hier wird der erhöhte Grat auf der Werkzeugoberseite zum Schneiden benutzt. Sie schleifen beide Oberflächen, aber achten Sie darauf, dass der Grat oben liegt.

Ich finde Schaber für Böden von Schalen und Kisten am nützlichsten. Bei Schalen kann es schwierig werden, den Boden schön zu glätten. Entweder kommt es zu Ausrissen oder die Röhre verursacht Kratzer, die schlecht zu entfernen sind. Hier kann ein Schaber mit negativer Fase glänzen, besonders ein schwereres Exemplar, das stabiler ist und ein breiteres Profil hat. Ein paar schnelle Durchgänge ersparen langes Feilen. Ich setze dieses Werkzeug nicht bei jeder Schale ein, aber wenn, dann ist das Ergebnis unvergleichlich.

### Schalenröhren

Schalenröhren werden anders geformt und geschliffen, weil sie eine andere Aufgabe haben als die übrigen Werkzeuge. Sie sollen nicht nur mit der Maserung, sondern auch schräg zu ihr und gegen sie schneiden, weil Holz für Schalen auf der Drechselmaschine generell anders ausgerichtet wird. Wenn Sie „zwischen Spitzen" drehen, laufen die Holzfasern längs zum Bankbett. Werkzeuge hierfür werden meistens rechtwinklig zum Faserverlauf eingesetzt. Bei den meisten Schalen laufen die Holzfasern quer zum Bankbett. Wenn der Schalenrohling rotiert, wird die Röhre mal die Fasern komprimieren, mal direkt in sie hineinschneiden und sie auseinanderreißen. Dadurch ist das Werkzeug großen Belastungen ausgesetzt, weshalb eine Schalenröhre robuster ist und einen Schliff hat, der schneidet, ohne gefährlich tief ins Hirnholz zu fassen.

Wenn Sie eine Röhre kaufen, suchen Sie eine, die eine parabelförmige Flöte („Superflute") hat. Diese Form bleibt weniger leicht hängen als eine V- oder U-Form und wird beim Drechseln effizienter schneiden.

Es gibt zwei wichtige Formen für das Kantenprofil einer Schalenröhre. Der „traditionelle" Schliff findet sich meist an Neuware. Der Fasenwinkel beträgt ca. 45°, mit leicht zurückgebogenen Flügeln. Dies ist für viele Schalenprojekte geeignet, doch in den letzten Jahren sind andere Profile aufgekommen.

Die meisten Schalendrechsler bevorzugen mittlerweile den „Fingernagelschliff". Es gibt mehrere Unterarten an Profilen mit dieser Form, und der professionelle Schalendrechsler kann einige davon brauchen. Der vielleicht vielseitigste Schliff, auf den wir uns hier konzentrieren, ist der „irische" oder „Ellsworth-Schliff". Dieses Profil hat deutlich weiter zurückgebogene Flügel als der traditionelle Schliff. Diese Verlängerung des Profils erlaubt dem Drechsler eine Vielzahl von Schnitten, die mit einem anderen Werkzeug unpraktisch oder unmöglich wären.

Beginnen Sie eine Schale mit groben Schiebeschnitten.

Der erste Schritt bei einer Schale sind grobe Schnitte auf der Außenseite. Setzen Sie diese zuerst als Schiebeschnitte. Dieser Schnitt ist vielseitig, leicht und wird kaum ausreißen. Mit einer scharfen Röhre können Sie ihn sogar nutzen, um die Außenseite der Schale zu verfeinern. Eliminieren Sie beim Schneiden so viele Unwägbarkeiten wie möglich. Halten Sie den Griff der Röhre waagerecht. Nun drehen Sie das Werkzeug leicht nach links, sodass die Oberkante ca. auf 1 Uhr zeigt. Diese beiden Positionierungen sollten sich nicht ändern. Wenn Sie Schwierigkeiten mit sauberen Schnitten oder Ausrisse bekommen, kehren Sie zu dieser Ausgangsposition zurück.

Hier sehen Sie, wie das Werkzeug mit dem Bereich knapp unterhalb und links von der Spitze schneidet.

Die Variable ist die Ausrichtung der Röhre. Stellen Sie sich die Spitze des Werkzeuges und die Fase darunter als einen Pfeil vor. Wenn Sie den Griff waagerecht halten und das Werkzeug drehen, sollte dieser Pfeil auf den Zielpunkt deuten. Drücken Sie nun die Röhre in diese Richtung, dann schneidet nicht so sehr die Spitze des Werkzeuges, sondern vielmehr der Bereich knapp links und unterhalb davon. Wenn Sie weiter drücken, wird die Fase hinter der Spitze auf der eben geschnittenen Fläche aufliegen, so für Stabilität sorgen und die Spitze davon abhalten, zu tief zu fassen und so Unebenheiten zu verursachen.

Wenn Sie eine Schale beginnen, muss das meiste Material aus der unteren Ecke entfernt werden, wo am meisten gerundet wird, um eine Form zu schaffen, die sich unterhalb des Schalenrandes verjüngt und auf den Boden zuläuft. Hier sollte zu Anfang Ihre Aufmerksamkeit liegen. Platzieren Sie die Werkzeugauflage etwa im 45°-Winkel zur Ecke der Schale und bearbeiten Sie diesen Bereich in mehreren leichten Durchgängen, die einer geraden Linie folgen. Der „Pfeil" zielt ins Leere, in ungefähr 45° zum Bankbett.

Während Sie schneiden, wahren Sie einen festen Stand und schwingen Sie das Werkzeug durch das Holz. Ihr Körper muss sich mit dem Werkzeug bewegen, damit die Ausrichtung der Fase gleich bleibt. Denken Sie daran, wie der Schnitt verlaufen soll. Ein breitbeiniger Stand ist am besten, weil er Ihnen erlaubt, Ihr Gewicht von rechts nach links zu verlagern (oder sich mit dem Schnitt zu bewegen).

Platzieren Sie die Werkzeugauflage immer dicht an der Oberfläche, die Sie bearbeiten. Wenn der Schnitt am unteren Rand der Schale beginnt, wird die Form der Schale flacher und der „Pfeil" des Werkzeuges zeigt nach weit links vom Bankbett. Um die Schneidfase am Holz zu halten, verlagern Sie Ihr Gewicht nach links, sodass die Spitze um den Unterrand der Schale herum und an den Wänden entlang läuft.

Ein Zugschnitt ist ein anderer effizienter Weg, die Schale grob zu formen. Das Werkzeug wird hier ähnlich geführt wie beim Schiebeschnitt. Während Sie das Werkzeug auf Ihren Körper und den Spindelstock zu ziehen, hält die Kante hinter der Spitze Kontakt mit dem Holz. Die Röhre zu stark zu drehen führt zum Ausriss, ebenso wie ein zu starkes Ziehen zum Körper. Wenn der Griff im falschen Winkel und zu nah zum Körper steht, hat die Kante keinen Holzkontakt mehr und es entstehen Kratzer. Auch wenn dieser Schnitt dem Schiebeschnitt ähnelt, ist er für Einsteiger weniger leicht zu kontrollieren. Er kann auch leicht zu einem Schabeschnitt werden, was beim groben Formen für Macken sorgt.

Ein Schabeschnitt ist ideal, um die Form Ihres Werkes zu definieren.

Bei einem Schabeschnitt zeigt die Spitze zum Reitstock. Der Griff wird waagerecht gehalten, die Schnittkante nach links gedreht. Die Oberkante zeigt ungefähr auf 1 Uhr. Wenn Sie die Röhre in Kontakt mit dem Holz bringen, benutzen Sie die lange Seite der Fase. Das hat den zusätzlichen Vorteil, dass Sie damit Unebenheiten und Scharten beseitigen können, weil alle hervorstehenden Stellen weggeschnitten werden. Dieser Schnitt ist ideal, um die Form zu verfeinern. Er wird manchmal eine rauere Oberfläche hinterlassen, als Sie mit einem langsamen Schiebeschnitt und einer scharfen Röhre erreichen könnten. Deshalb sollten Sie ihn mit dem Scherschnitt kombinieren, um Oberflächen zu glätten.

Ein Scherschnitt ist toll, um Oberflächen zu glätten, an denen andere Schnitte scheitern.

Der Schabeschnitt kann Wunder wirken, wenn es darum geht, tückisches Holz zu verfeinern, an dem andere Werkzeuge scheitern. Für diesen Schnitt wird der Griff abgesenkt, sodass die Spitze nach oben zeigt. Dann drehen Sie das Werkzeug, sodass die Oberkante der Fase sehr nah am Holz ist, ca. 1,6 mm. Es kann sogar aussehen, als würde diese Kante schneiden – tut sie aber nicht. Stattdessen ist es die untere Kante, die mit ihrem Mittelteil schneidet. Sie sollten fast keinen Druck anwenden. Das Werkzeug kann vor und zurück bewegt werden, um sehr feine, dünne Kringel zu schneiden. An diesen erkennen Sie die korrekte Ausführung des Schnittes.

Höhlen Sie die Schale mit einem Schiebeschnitt aus.

Ausgehöhlt wird die Schale üblicherweise mit einem Schiebeschnitt, genauso wie auf der Außenseite, nur mit der Röhre nach innen gedreht. Platzieren Sie die Werkzeugauflage quer zur Oberseite der Schale und verankern Sie die Schalenröhre an der Auflage, mit einer leichten Drehung nach rechts, sodass die Oberkante auf etwa 11 Uhr steht. Diese Drehung sollte sich nicht ändern. Wo wie viel Material abgetragen wird, bestimmen Sie über die Ausrichtung der Röhre.

Wenn Sie beginnen, setzen Sie nahe dem Zentrum der Schale an. Drücken Sie Richtung Spindelstock, während Sie die Röhre auf das Zentrum zu führen. Wenden Sie nicht zu viel Kraft auf, und seien Sie vorsichtig beim Schnitt durch die Mittellinie.

Setzen Sie aufeinanderfolgende Schnitte, richten Sie sich nach gewünschter Tiefe und Wandstärke der Schale und schneiden Sie sachte für ein sauberes, sicheres Ergebnis.

Entfernen Sie Material durch aufeinanderfolgende Schnitte und bewegen Sie sich allmählich näher zum Rand. Essenziell ist, den Griff richtig auszurichten. Je tiefer die Schale wird, desto weiter wird der Griff zum Körper gezogen, um den „Pfeil" auf dem richtigen Weg zu halten, während der Boden der Schale abgeflacht wird. Umgekehrt muss der Griff bei steilen oder eher senkrechten Wänden weit über das Bankbett geschwungen werden, damit die Schneidfase fassen kann. Drechsler versuchen oft, alle Schnitte von der gleichen Ausgangsposition zu setzen, aber diese Position ändert sich drastisch, während die Schale ausgehöhlt wird. Deshalb beginnt ein Schnitt, der dicht unter dem Rand an der Wand ansetzt, mit einem weit über das Bankbett geschwungenen Griff. Im Verlauf des Schnittes ziehen Sie den Griff zu Ihrem Körper, sodass er zum Schluss bis zu 45° vom Bankbett absteht. Fassen Sie das Werkzeug leicht, sodass die Fase sich selbst führen kann. Sie wollen keinen Weg durch das Holz erzwingen – das führt zu unsauberen Schnitten, mehr Kraftaufwand und einem höheren Verletzungsrisiko.

Beginnen Sie den Schnitt, indem Sie die Schalenröhre flach über den Oberrand führen, links von der Spitze schneiden und die Fase gegen die Innenwand lehnen, um stabiler zu schneiden und die Röhre am Überdrehen zu hindern.

Ein abschließender Schnitt auf der Innenseite kann schwierig sein. Üben Sie ihn, bevor Sie ihn tatsächlich brauchen, solange Sie genug überschüssiges Material haben.

Für diesen Schnitt richten Sie die Röhre zuerst gerade, sodass sie flach auf der Werkzeugauflage liegt. Bislang haben Sie vor allem mit der rechten Seite der Fase ausgehöhlt; nun wird links von der Spitze geschnitten. Die Fase wird gegen die Innenwand gedrückt, um zu stützen und die Röhre am Überdrehen zu hindern. Wenn Sie die Schnittkante nach links drehen, wird die Unterseite der Fase nicht gestützt und es kommt zum Ausriss.

Kontrollieren Sie die Ausrichtung der Röhre, um sicherzustellen, dass die Fase in Kontakt mit dem Holz bleibt. Hierzu müssen Sie die Röhre bogenförmig schwingen, während Sie sie durch die Schale bewegen. Bei tieferen Schalen wird dieser Schnitt weniger effizient und kann am Boden hängen bleiben. In einem solchen Fall benutzen Sie besser eine zur „Bodenröhre" umgeschliffene Schalenröhre oder einen Schaber mit negativer Fase.

Neben der richtigen Technik ist ein scharfes Werkzeug der Schlüssel zum Erfolg. Schalenröhren müssen häufiger nachgeschärft werden als andere. Zum Glück geht das mit einer Schärfführung und später sogar freihändig schnell und leicht. Für Schalen verwende ich mindestens drei frisch geschärfte Werkzeuge: eines für den äußeren Grobschnitt, eines zur Verfeinerung der Außen- und Aushöhlung der Innenseite sowie eines für die Verfeinerung der Innenseite. Ein frisches Werkzeug macht einen großen Unterschied. Sparen Sie sich Zeit und Geld für Schleifpapier! Üben Sie, jeden Schnitt zählen zu lassen, und je schneller und kunstfertiger Sie arbeiten, desto weniger zaghaft schneiden Sie.

## Wie wiederhole ich die Formen?

Für den Fortgeschrittenen ist es wichtig, in seinen Werkstücken Formen wiederholen zu können. Selbst ein einfaches Nudelholz muss auf beiden Seiten gleichmäßig geformt sein. So etwas zu bewerkstelligen ist eine Grundvoraussetzung. Dazu brauchen Sie vor allem zwei Messfertigkeiten: das Anzeichnen der wichtigsten Formen und die Bestimmung der richtigen Durchmesser an diesen Stellen, sodass Sie mit dem Herausarbeiten beginnen können.

Zuerst müssen Sie Anfang und Ende des Stückes bestimmen. Dies geschieht meist erst auf der Drehmaschine und nicht schon bei der Vorbereitung, weil die Enden des Rohlings durch die Befestigung an der Maschine mit Mitnehmer und Körnerspitze leicht beschädigt werden und die Enden anfangs wahrscheinlich nicht ganz rechtwinklig zu Rohling und Drehrichtung verlaufen. Es ist deshalb üblich, diese Enden plan zu stechen, sobald der Rohling zur Walze geformt wurde. In diesem Schritt können Sie auch die Länge des Stückes definieren.

Wenn das erledigt ist, zeichnen Sie die wichtigsten Formen an. Sie können von beiden Enden aus messen, um Täler und Höhen zu bestimmen, wo konkave oder konvexe Bögen liegen werden oder Verzierungen wie Wülste etc. anfangen und aufhören sollen. Markieren Sie diese Stellen mit dem Bleistift. Aus diesen Strichen machen Sie Linien, indem Sie den Stift mit der Spitze am Holz auf die Werkzeugauflage legen und das Werkstück von Hand drehen.

Der Abstecher dient dazu, entsprechend breite Ringe zu schaffen, wo die Verzierungen liegen sollen. Aufgrund der Werkzeugform werden diese Ringe einen flachen Boden haben, also bedenken Sie das bei der Planung. Für Bögen nach außen kann der Abstecher das Holz direkt auf den gewünschten Durchmesser verschmälern. Für Innenbögen kann es besser sein, etwas früher aufzuhören, weil der Tiefpunkt der Kurve unterhalb der geschnittenen Fläche liegen sollte.

Messen Sie die Tiefe Ihrer Schnitte mit Schiebelehren.

Die Tiefe der Schnitte wird mit Schiebelehren gemessen. Diese können Sie nach einem Musterstück, einer auf Papier oder Pappe gezeichneten Vorlage oder einem Messgerät einstellen. Dafür sollten Sie mehrere Sätze sogenannter Außentaster oder Greifzirkel haben, die Sie nach der Einstellung auf ein bestimmtes Maß leicht voneinander unterscheiden können. So kommt es zu weniger Verwirrung bei komplexen Formen, und die Wiederholung wird einfacher.

Anfangs müssen Sie die Drehmaschine häufiger ausschalten, um mit den Schiebelehren Ihren Fortschritt zu messen. Halten Sie den Greifzirkel in der nicht dominanten Hand und schieben Sie ihn über die Oberseite des Werkstückes auf den Schnitt, den der Abstecher in der Führhand setzt. Wenn der eingestellte Durchmesser erreicht ist, wird die Schiebelehre hineinrutschen. Tun Sie dies an allen fraglichen Stellen, bevor Sie sich ans Verfeinern der Formen machen.

In diesem Stadium wird Ihr Werkstück eine Walze mit diversen ungleichmäßig breiten und tiefen Ringen sein. Nun kommen die anderen Werkzeuge ins Spiel, um den gewünschten Formen entsprechend Material zu entfernen. Profis schaffen es vielleicht, weniger detailliert vorzuzeichnen, aber im Allgemeinen gilt: Je mehr Ringe Sie schneiden, desto leichter wird es, Ihre Formen zu wiederholen.

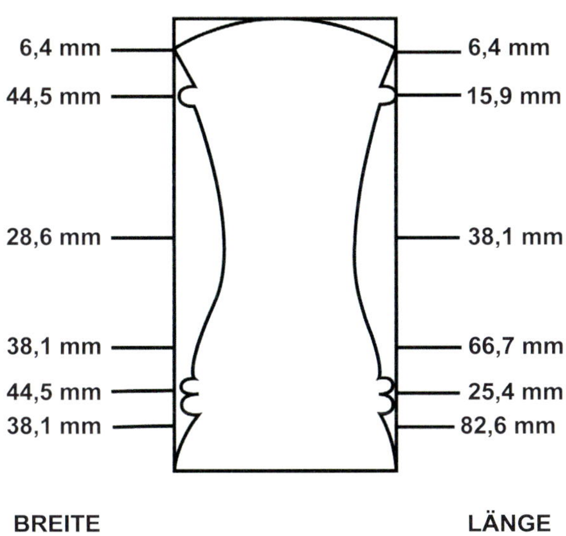


Eine auf Millimeterpapier gezeichnete Vorlage kann beim Drechseln sehr hilfreich sein.

Es ist sinnvoll, einige Ihrer Maße aufzuschreiben, damit Sie nicht für jede Wiederholung beim Original nachmessen müssen. Eine maßstabsgerechte Zeichnung ist extrem hilfreich, und wenn Sie kein meisterhafter Zeichner sind, dann verwenden Sie unbedingt Millimeterpapier.

Sie können dann Länge und Breite im richtigen Maßstab anzeichnen. Und noch besser, Sie können Ihre Schiebelehren mithilfe Ihrer Zeichnung direkt auf die gewünschte Form einstellen. Sie können damit auch Negative der Formen aus Papier oder dünnem Sperrholz ausschneiden. Diese können Sie für größere Präzision gegen das Werkstück halten. Das alles braucht allerdings viel Zeit, die Sie besser darauf verwenden, an Ihrem Augenmaß beim Wiederholen der Formen zu arbeiten.

Selbst eine schnelle Skizze macht das Ganze einfacher. Sie können zentrale Merkmale samt Länge und Breite anzeichnen. Sogar einfache Schrägungen an Stuhlbeinen sind einfacher zu wiederholen, wenn Sie in einem Notizbuch aufgezeichnet sind. Kunden bitten mich gelegentlich, etwas nachzufertigen, das ich Ihnen vor langer Zeit verkauft habe. Wenn man einen Ordner mit Skizzen hat, ist das kein Problem!

Eine Drechselvorlage wie diese hier ist ein anderes nützliches Hilfsmittel, um Ihnen das präzise Wiederholen von Schnitten zu erleichtern.

Eine weitere nützliche Hilfe ist eine einfache Vorlage („Bauprofil"), die Sie auf die Werkzeugauflage legen können, um mit dem Bleistift die Stellen für unterschiedliche bemessene Stiche mit dem Abstecher anzuzeichnen. Damit werden Wiederholungen in der Länge kinderleicht. Diese Vorlage fertigen Sie am besten aus dünnem Sperrholz, das Sie quer absägen. Die Markierungen ziehen Sie mit dem Bleistift im passenden Abstand über das ganze Werkstück und die daran gehaltene Vorlage. Dann können Sie mit dem Abstecher an den richtigen Stellen Ringe stechen und mit Schiebelehren die korrekte Tiefe bestimmen.

# Das Geheimnis des Schärfens

Es gibt viele gute und schlechte Ratschläge zum Schleifen. Letzten Endes gibt es nur eine Wahrheit: Ein scharfes Werkzeug schneidet besser als ein stumpfes. Viele Drechsler verlassen sich auf bestimmte Lehrer, Produkte, Vorgehen und übersehen dabei, dass das Wichtigste ist, eine Linie durchzuhalten. Es ist nicht so relevant, ob eine Fase nun einen Winkel von 65° oder von 60° hat oder ein Kantenprofil so aussieht wie ein Bild, das Sie online oder in einem Buch gefunden haben. Relevant ist, wiederholt die gleichen Profile schaffen und die gleiche Fase halten zu können, damit das Werkzeug sich erwartbar verhält.

Sie dürfen experimentieren, aber das kann auch hinderlich sein. Wenn Sie mit fünf Spindelröhren anfangen, die unterschiedlich geschliffen sind und unterschiedliche Fasenwinkel aufweisen, dann können Sie kein Schnittverhalten voraussehen. Sie mögen ein Werkzeug oder einen Schliff, aber ist das wirklich der Schliff? Ist es die Form? Die Größe? Der Stahl?

Die beste Schärfmethode ist die, die zu Ihren Werkzeugen und Bedürfnissen passt und sich leicht wiederholen lässt. In diesem Abschnitt beschreibe ich grundlegende Methoden, die effizient, wirksam und wirtschaftlich sind. Sie erzeugen durchgängige Resultate, die mit etwas Übung und Sorgfalt auch Einsteiger schaffen. Ich beschreibe die gängigsten und vielseitigsten Kantenprofile und Fasenwinkel. Um Drechselwerkzeuge zu schärfen, benötigen Sie Zubehör. Manche Teile sind wirklich unabdingbar, andere können Sie sich auch irgendwann später zulegen.

## Hilfsmittel zum Schärfen

### Die Tischschleifmaschine

Haben Sie eine Drechselmaschine, brauchen Sie eine Schleifmaschine. Normalerweise reicht ein Doppelschleifer mit 20 cm Durchmesser und niedriger/variabler Drehzahl aus. Letztere verhindert, dass sich im Werkzeug Hitze staut und die Härte zerstört.

> **Wenn Ihre Härte nachlässt**
>
> Wenn Ihr Werkzeug seine Härte verliert, dann verliert seine Struktur an Festigkeit und es kann keine gleichmäßig scharfe Fase mehr halten. Wenn Sie bemerken, dass der Stahl beim Schärfen die Farbe wechselt, sofort aufhören! Das Werkzeug läuft zu heiß und Sie beschädigen es.

Wenn Sie bereits eine kleinere Schleifmaschine haben, wird diese genügen. Der Vorteil der 20-cm-Scheibe ist, dass durch den größeren Umfang die Werkzeugschneide flacher wird. Wenn die Kante mit einer kleineren Scheibe geschliffen wird, wird die Fase runder, konkaver. Eine größere Scheibe wird außerdem länger halten und den Hitzestau verringern.

Wichtiger als der Durchmesser der Scheibe ist, woraus sie hergestellt ist und wie rau das Schleifmittel ist. Die meisten neuen Schleifscheiben bestehen wahrscheinlich aus einem Material, das schlecht zum Schleifen von Drechselwerkzeugen geeignet ist. Scheiben aus Aluminiumoxid („Edelkorund“) sind erstrebenswert. Sie sind oft schwer zu finden und am besten online oder in spezialisierten Holzarbeitsläden erhältlich. Für Drechselwerkzeuge sind die Körnungen 120 oder 180 am vielseitigsten verwendbar. Ein Problem bei diesen und auch vielen anderen Scheiben ist, dass sie regelmäßiger Wartung bedürfen.

Die Alternative ist eine Bornitrid-Scheibe. Diese besteht aus Stahl und ist auf der Schleiffläche mit Bornitrid (CBN) beschichtet. Sie ist ein Gewinn, aber das spiegelt sich auch im Preis. Sie wird einsatzbereit geliefert, und wenn Sie eine alte Korundscheibe gegen ein CBN-Modell tauschen, merken Sie den Unterschied gleich beim Einschalten. Die Oberfläche einer CBN-Scheibe ist auch gleichförmiger und schleift effizienter. Und: Sie braucht keine Wartung! Während andere oft abgerichtet werden müssen, was zwangsläufig die Größe der Scheibe und ihre Lebensdauer verringert, soll eine CBN-Scheibe ewig halten! Einsteiger brauchen sie nicht unbedingt, aber viele Dreher werden sie zu schätzen wissen.

Die „Tormek“ ist eine Alternative zum Doppelschleifer. Sie ist ein tolles Werkzeug und eine große Hilfe, besonders in einer Werkstatt mit großer Werkzeugvielfalt. Damit lassen sich Drechselwerkzeuge schleifen, und weil der Stein wassergekühlt ist, können Sie Ihr Werkzeug nicht überhitzen. Nachteile sind, dass sie im Vergleich zu einem Doppelschleifer ziemlich langsam schleift (auch wenn das für Einsteiger vorteilhaft sein kann) und sehr teuer sein kann.

### Die Schärfführung

Anfänger sollten eine Schärfführung anschaffen, um sich das Schärfen ihrer Röhren zu erleichtern. Sie sparen viel Zeit ein und liefern zuverlässig hochwertige Ergebnisse. Diese Führungen werden über Ihr Werkzeug geklemmt und verfügen über einen verstellbaren Arm, der an Ihrer Schleifmaschine befestigt wird. Die Schleifführung erlaubt Ihnen, Ihr Werkzeug in einem konstanten Winkel zu halten, während Sie den Griff bewegen, um das gewünschte Kantenprofil zu erzeugen.

Bei Verwendung einer Führung beeinflussen drei Faktoren den Fasenwinkel und die Kantengeometrie: das Hineinragen des Werkzeuges in die Führung, der Winkel des Armes und der Befestigungspunkt.

Es gibt Vorrichtungen, die bei der Befestigung helfen. Sie sind nützlich, günstig und sparen Zeit, aber ich werde erklären, wie man ohne sie eine Führung befestigt.

**Das Schärfsystem**

Ich empfehle Ihnen, sich in Ergänzung zur Schärfführung ein Schärfsystem anzuschaffen, um das Schärfen noch einfacher zu gestalten. Folgen Sie den beiliegenden Anleitungen, um das System passend zu Ihrer Schleifmaschine einzurichten. Diese Systeme werden unter der Basis Ihrer Schleifmaschine angebracht und bieten einige Vorteile. Ein Teil davon ist eine leicht verstellbare große Auflage zum freihändigen Schleifen von Schrupprөhren, Schabern etc. Sie verfügen auch über einen Arm, mit dem man die Vorrichtung leicht vor und zurück bewegen kann, was bei einer großen Bandbreite an Werkzeugen notwendig ist.

Das Rad auf der anderen Seite verfügt über einen „V-Arm". Diesen können Sie auch vor und zurück führen, doch ohne Auflage. Stattdessen bietet er einen Ruhepunkt für den Arm der Schärfführung und unterstützt deren Bewegung beim Schleifen von Spindel- und Schalenröhren.

Sie können sich eine ähnliche Vorrichtung in Ihrer Werkstatt selbst bauen, aber an den käuflich erhältlichen ist nicht viel zu verbessern. Ich würde eine kaufen und die Zeit lieber ins Drechseln investieren.

### Weiteres notwendiges Schärfzubehör

- Permanentstift,
- Industriediamant (zum Abrichten von Korundschleifscheiben),
- Diamantfeile oder Abziehstein,
- Winkelschmiege,
- die Schrupppröhre.

Die Schrupppröhre ist eine gute Gelegenheit, um sich mit dem Schärfen an der Schleifmaschine vertraut zu machen. Ihre Schneide ist von der einen Oberkante über den Bauch der Röhre bis hinauf zur anderen Oberkante gleichförmig. Das Ziel ist, ihr auf der ganzen Breite einen gleichmäßigen Schliff zu verleihen, wobei sich die Mitte der Röhre ein wenig ausweiten darf. Zum Schärfen benötigen Sie eine normale Werkzeugauflage. Diese sollte nah am Rad liegen. Wir streben einen Fasenwinkel von 50° an. Der Winkel ist hier variabel, doch ich empfehle dieses Maß für Einsteiger, weil es eine scharfe und belastbare Fase schafft. Außerdem können Sie Ihren Abstecher mit der gleichen Auflageposition schärfen.

Benutzen Sie eine Winkelschmiege, um Ihren Fasenwinkel zu messen.

Den Winkel einzustellen kann etwas schwierig sein, weil Sie zuerst den angemessenen Fasenwinkel bestimmen müssen. Den Winkel zwischen der flachen Auflage und dem runden Rad sinnvoll zu messen, ist fast unmöglich. Stattdessen empfehle ich, dies am Werkzeug selbst zu tun. Messen Sie den Fasenwinkel an Ihrem Werkzeug mit der Winkelschmiege. Er sollte ziemlich genau 45° betragen.

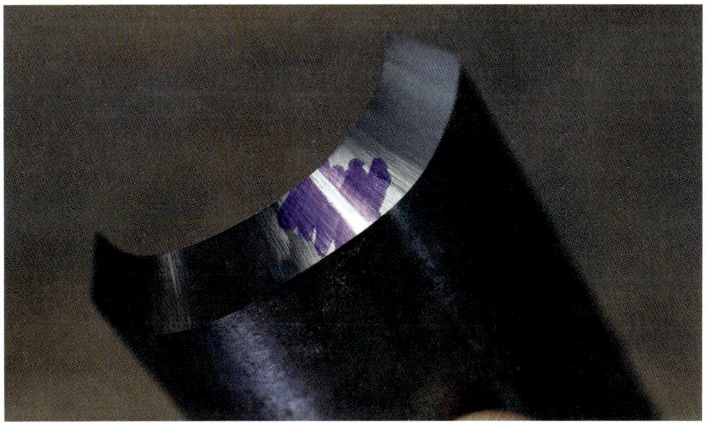

Markieren Sie die Fase mit dem Filzstift. Schleifen Sie im richtigen Winkel, wird die Markierung gleichmäßig abgetragen.

Markieren Sie die gesamte Fläche der Fase mit dem Filzstift. Nun legen Sie das Werkzeug auf die Auflage und bringen es in Kontakt mit der (stillstehenden) Scheibe. Versuchen Sie, von der Seite zu erkennen, wo der Berührungspunkt liegt. Sie müssen sich bücken, um auf der gleichen Höhe zu sein. Wenn der Kontakt völlig falsch liegt, justieren Sie nach. Es sollte nicht viel Platz zwischen Ober- oder Unterkante der Fase und der Scheibe sein.

Wenn Sie einen guten Startpunkt gefunden haben, halten Sie die Fase gegen die Scheibe und drehen Sie diese von Hand rückwärts. Betrachten Sie die Fasenkante, dann sehen Sie einige Stellen, an denen der Filzstift entfernt worden ist. Wenn der Stift auf der gesamten Fase von Unter- bis Oberkante abgetragen worden ist, dann ist die Auflage für dieses Werkzeug richtig eingestellt.

Wenn Sie leicht korrigieren müssen, werden die Markierungen vom Großteil der Fase entfernt, mit besonderer Wirkung in dem Bereich, auf den Sie achten müssen. Wenn Sie nur wenig von Unter- oder Oberkante abtragen, justieren Sie neu, damit mehr Oberfläche aufliegt. Es ist besser, anfangs zu wenig Material zu entfernen. Sie können den Fasenwinkel über mehrere Durchgänge hinweg anpassen.

Schärfen Sie mit leichtem Druck. Es ist leicht, zu viel Material zu entfernen.

Wenn Sie dem gesuchten Winkel nahe sind, können Sie die Maschine einschalten. Bringen Sie das Werkzeug langsam in Kontakt mit der Scheibe. Ihre Führhand sollte den Griff halten, die nicht dominante Hand über dem Werkzeug liegen, um es flach auf der Auflage zu halten. Drücken Sie weniger in die Schleifscheibe und mehr in die Auflage, um zu stabilisieren. Beides braucht wenig Kraft. Besonders zur Scheibe ist nur leichter Druck nötig. Sie können in der Mitte der Röhre beginnen und sich nach außen arbeiten, aber ich fange lieber an der rechten Oberkante an und drehe das Werkzeug gegen den Uhrzeigersinn, während ich schärfe. Das Problem mit dem Start in der Mitte ist, dass man dabei leicht viel Material von dem einen Bereich abträgt, der unbedingt etwas länger bleiben sollte. Wenn die Mitte der Röhre kürzer ist als die Oberkanten, bleiben Sie beim Schneiden leichter im Holz hängen. Sie können in der Mitte anfangen, in die eine Richtung drehen und dann den gesamten Weg zurück in die andere Richtung drehen, oder Sie fangen neu in der Mitte an und drehen dann in die andere Richtung. Die gesamte Fasenkante sollte auf der gleichen Höhe sein, oder die Oberkanten sollten leicht weiter zurückgeschliffen sein als die Mitte der Röhre.

Prüfen Sie nach einem Durchgang das Ergebnis. Schauen Sie, wo Sie abtragen, und justieren Sie notfalls neu. Wenn sich die Form stark verändert, machen Sie nicht einfach weiter! Richten Sie sich neu ein. Denken Sie daran, die Auflage wird nur bei stehender Scheibe und ausgeschalteter Maschine verstellt. Wenn Sie die Fase erst abrichten müssen, dauert das Schärfen länger als bei einer bereits bestehenden Kante. Drehen Sie das Werkzeug langsam und gleichmäßig. Achten Sie genau auf den Stahl: Wenn er sich verfärbt, sofort aufhören! Sie überhitzen ihn. Sie können nur ein paar Sekunden lang an einem einzelnen Bereich der Fase arbeiten.

Hier sehen Sie die Schleifmarken (die dünnen Linien) auf der Fase des Werkzeuges.

Die fertige Fase sollte gleichmäßige Schleifmarken von Ober- bis Unterkante tragen. Sie lassen sich leicht erkennen. Schwieriger zu sehen ist es, wenn Sie Eindrücke erzeugen oder eine bestimmte Stelle überschärfen, besonders im Bauch der Röhre. Halten Sie auf Augenhöhe einen Winkel oder eine Schmiege gegen die Werkzeugseite, um zu prüfen, dass die Oberkanten parallel liegen und die Mitte des Werkzeuges nicht unterschnitten wurde. Wenn Sie eines dieser Probleme feststellen, müssen Sie nicht ganz von vorn beginnen. Achten Sie aber auf das Problem und passen Sie Ihre Schärftechnik beim nächsten Mal entsprechend an.

## Zeit sparen mit simplen Fasenwinkelführern

Es gibt fertige und nicht allzu teure Winkelführungen zur Einrichtung der Auflage Ihrer Schleifmaschine. Sie können in Ihrer Werkstatt aber auch selbst eine fertigen. Wenn Sie Ihr Werkzeug auf den gewünschten Winkel geschliffen haben, setzen Sie einen Holzrest von mindestens 5 cm mit flacher Kante auf ihre Auflage. Schieben Sie ihn vorwärts, sodass er die Seite der Scheibe berührt, und zeichnen Sie die Kante der Scheibe mit dem Bleistift nach. Dann sägen Sie den entstehenden Bogen mit Band- oder Laubsäge aus und säubern ihn mit dem Schleifgerät. Wenn die Plattform versetzt wurde, können Sie nun einfach den Winkelführer auflegen und sie so umstellen, dass die Scheibe zur Einbuchtung passt. Schreiben Sie unbedingt den Winkel auf den Führer!

## Techniken des Schärfens

### Abstecher

Der Winkel sollte beim Abstecher ca. 50° betragen. Sparen Sie Zeit beim Einrichten und nehmen Sie den gleichen Winkel wie bei der Schrupppröhre, damit Sie nicht alles umstellen müssen. Auch hier können Sie die Fase markieren, um Ihren Fortschritt zu erkennen.

Bringen Sie das Werkzeug langsam in Kontakt mit der Scheibe und achten Sie auf den Griff, um sicherzustellen, dass das Werkzeug gerade vorangeschoben wird. Drehen Sie nach ein paar Sekunden des Schleifens das Werkzeug um, um beide Seiten gleichmäßig zu bearbeiten. Nehmen Sie sich Zeit und passen Sie auf, dass das Werkzeug wirklich flach auf der Auflage liegt. Bei rautenförmigen Abstechern ist essenziell, dass die Spitze auf einer Linie mit der Mitte der breiten Hauptfläche des Werkzeuges liegt, um dieses Design nutzen zu können. Bei Billigware ist diese Linie vom Hersteller oft schlecht geschliffen worden. Wenn Sie nacharbeiten müssen, versuchen Sie, mit der Schnittkante die beiden am weitesten auseinanderliegenden Punkte zu verbinden.

### Schaber

Auch Schaber können mit der vorhandenen Werkzeugauflage der Schleifmaschine geschärft werden. Für die üblichen Rundschaber beträgt der gesuchte Winkel ungefähr 80°. Die Schnittkante ist bei Schabern zarter als bei anderen Werkzeugen, weil sie ein wenig anders schneiden. Der Grat oben auf dem Werkzeug leistet die eigentliche Schneidarbeit. Wenn Sie diesen Grat nicht spüren können, sollten Sie das Werkzeug schärfen. Bei der Arbeit am Holz hält so ein Grat meist nur wenige Minuten.

Sie können ein passendes Schärfsystem aus Holz oder Metall selbst herstellen, aber die käuflich erhältlichen lassen wenig zu wünschen übrig. Kaufen Sie einfach eines und investieren Sie Ihre Zeit ins Drechseln.

Eine Feile oder ein Abziehstein genügen meist schon, um einen neuen Grat aufzubauen.

Zum Glück genügt meist schon eine Diamantfeile oder ein Abziehstein, um einen neuen Grat am Schaber aufzubauen. Legen Sie den Schaber auf eine flache Oberfläche, sodass seine Schneide in der Luft hängt. Die Unterseite zeigt nach oben, die Schnittkante weg von Ihnen. Legen Sie Stein oder Feile an die Oberfläche und drücken Sie, bis Fase, Schnittkante und Unterkante des Werkzeuges Kontakt haben. Schieben Sie Stein oder Feile von sich weg und achten Sie auf gleichmäßigen Kontakt an der gesamten Oberfläche, damit Sie die Schnittkante nicht abrunden. Mit ein paar Strichen an jeder Stelle arbeiten Sie sich rund um den Schaber. Während Sie sich mit dieser Bewegung vertraut machen, kann es sinnvoll sein, die Oberfläche zu markieren.

Wenn Sie einen Schaber an der Schleifscheibe schärfen, bedienen Sie sich des Hohlschliffes. Ein Hohlschliff entsteht, wenn die runde Schleifscheibe an der Fase des Werkzeuges eine konkave Oberfläche erzeugt. Diese Oberfläche ist bei geringerem Stahlabtrag leichter zu schärfen, weil ein Stein oder anderes Schleifgerät nur Schnitt- und Oberkante berührt und über die im „Hohlraum" liegende Oberfläche weggleitet. Ein Werkzeug so aufzufrischen geht schnell und einfach, weil Sie nicht von der gesamten Oberfläche Stahl entfernen müssen.

Hin und wieder müssen Sie den Schaber an der Maschine schärfen. Sie können damit warten, bis der Hohlschliff verloren gegangen ist, aber ich mache es lieber schon vorher. Ab einem gewissen Punkt geht es schneller, die ganze Schnittkante zu schärfen und neu anzufangen. Die Fase eines feinen Abziehsteines ist besser und stärker als das, was Sie an der Maschine herausbekommen, aber die Schleifmaschinenfase schneidet genauso gut.

Um Rundschaber zu schärfen, stellen Sie die Maschine auf einen Winkel von 80° ein. Halten Sie das Werkzeug flach auf der Auflage, dann bewegen Sie den Griff in einem Bogen.

Schaber an der Schleifmaschine zu schärfen ist einfach. Richten Sie sich ein, als wenn Sie die Schrupprröhre schärfen wollten, aber verstellen Sie die Werkzeugauflage auf einen 80°-Winkel. Prüfen Sie mit dem Markertrick, wo der Kontakt ist. Wenn Sie den gesuchten Winkel haben, drücken Sie mit Ihrer nicht dominanten Hand die Werkzeugunterseite flach auf die Auflage und fassen mit der anderen den Griff, um leicht gegen die drehende Scheibe zu schieben. Bei Rundschabern sollte der Griff zuerst in eine Richtung angewinkelt sein, um die Fase in Kontakt zu bringen, und dann bogenförmig geschwungen werden, bis Sie an der gleichen Stelle am anderen Ende der Schnittkante angekommen sind.

Unterschiedlich geformte Schaber haben unterschiedliche Funktionen. Eine „rundere Nase" ermöglicht das tiefere Schneiden konkaver Oberflächen mit engeren Bögen. Ein flacherer Schaber ist nützlich, um lange, flache Stellen am Werkstück zu verfeinern.

**Flachmeißel**

Den Flachmeißel schärfen Sie auf der Auflage der Schleifmaschine. Der Winkel der Schräge sollte zwischen 20° und 25° betragen. Wenn die Schräge diesen Winkel bereits hat oder nachdem Sie ihn hergestellt haben, können Sie die Werkzeugauflage mithilfe des Markertricks einrichten. Ansonsten benutzen Sie eine Schärfführung, um die Auflage zu platzieren, oder orientieren Sie sich an dem Winkel, auf den Ihr Meißel vorgeschliffen ist.

Halten Sie den Flachmeißel flach auf der Auflage und stellen Sie die Scheibe auf einen Winkel von 20° bis 25° ein.

Mit eingestelltem Winkel halten Sie den Flachmeißel flach auf der Auflage. Drücken Sie die Schräge gegen die drehende Scheibe und arbeiten Sie sich an der Fase entlang. Zu bedenken ist, welche Form der Meißel haben soll. Es gibt dazu viele Ansichten, aber allgemein bietet ein leichter Bogen die meisten Möglichkeiten und ist für Einsteiger am einfachsten zu verwenden. Flachmeißel sind werksseitig meist nur auf eine gerade Kante geschliffen und können modifiziert werden, indem Sie länger an der Spitze des Meißels arbeiten und diese Oberfläche langsam in die übrige Fase hinein ausbauen. Wenn Sie mehrere Meißel haben – was besonders bei zunehmender Erfahrung eine gute Idee ist –, können Sie mit verschiedenen Kantenprofilen experimentieren.

Sie müssen beide Seiten des Meißels schärfen. Versuchen Sie, gleich viel Material abzutragen. Sie können das prüfen, indem Sie das Werkzeug hochhalten und die Kante absehen. Sie sollte von beiden Seiten des Werkzeuges gleich weit entfernt sein. Prüfen Sie sowohl die Spitze als auch die Unterkante der Fase.

Stellen Sie sicher, dass die Fase entlang der Schnittkante gleichförmig ist.

Es ist wichtig, dass die Fase von der Schnittkante flach in die Oberkante läuft. Wenn Sie durch Kontakt mit der Scheibe in unterschiedlichen Winkeln abgerundet ist, lässt sich der Meißel schlecht beherrschen. Wenn Sie sicher sind, im richtigen Winkel zu schärfen, machen Sie weiter, bis Sie nicht nur die Kante, sondern die ganze Fase treffen.

Sie können Ihre Schnittkante mit Feile oder Stein schleifen, sobald das Kantenprofil etabliert wurde.

Wenn der richtige Winkel und das Kantenprofil eingestellt sind, kann die Kante für hervorragende Schärfe leicht mit Abziehstein oder Diamantfeile geschliffen werden. Wenn das Werkzeug abstumpft, sollte ein kurzes Abziehen mühelos eine frische, scharfe Kante wiederherstellen. Nach mehreren dieser Durchgänge kann die Fasenform allmählich rund und der Hohlschliff flacher werden. Dann ist es Zeit, den Meißel wieder an die Schleifscheibe anzusetzen.

**Spindel- und Detailröhren**

Sie können Spindelröhren freihändig schärfen, aber ich empfehle die Schärfführung. Damit erreichen Sie leichter gute Ergebnisse. Außerdem geht es schneller und bietet trotzdem Variationen im Kantenprofil, sodass Sie Werkzeug an unterschiedliche Verwendungen anpassen können.

Ein guter Fasenwinkel beträgt 35°. Um diesen Winkel mit der Führung zu erreichen, müssen Sie drei Variablen einstellen: den Winkel der Führung, die aus der Führung herausragende Länge des Werkzeuges und die Entfernung des Haltepunktes oder des V-Armes von der Schleifscheibe. Verändern Sie eine dieser Größen, ändert sich der Fasenwinkel.

Bauen Sie eine einfache Halterung aus Restholz, um die Werkzeuglänge einzustellen. Schieben Sie das Werkzeug hinein, befestigen Sie es und passen Sie die Position auf der Auflage an.

Die Werkzeuglänge einzustellen ist am einfachsten. Bauen Sie eine einfache Halterung, indem Sie 5 cm vom Rand entfernt ein Stück Restholz an die Basis der Auflage Ihrer Schleifmaschine schrauben. Schieben Sie die Spitze des Werkzeuges hindurch und platzieren Sie sie am Holz. Dann schieben Sie die Halterung vor, sodass Sie die Auflage berührt, und drehen die Schraube fest. Alternativ können Sie auch ein 5-cm-Loch in einen Holzrest bohren und die Halterung damit am Schaft des Werkzeuges platzieren.

Als Nächstes richten Sie den Armwinkel ein. Manche Schleifführungen haben Einkerbungen, um das Einstellen zu erleichtern. Sie können die Oberseite des Armes an der Oberkante der dritten Kerbe orientieren. In dieser Stellung steht der Arm im Winkel von ca. 25° zum Schaft des Werkzeuges. An diesem Wert können Sie sich orientieren, auch wenn jeder Hersteller eigene Instruktionen anbietet, um Starthilfe zu geben. Wenn Sie etwas danebenliegen, ist das nicht schlimm.

Der V-Arm sollte dann mithilfe einer 35°-Einrichthilfe justiert werden. Dadurch liegt der Haltepunkt ca. 14,5 cm von der Scheibenvorderseite entfernt. Lösen Sie den Hebel am Arm und bringen Sie die Hilfe in Kontakt mit der Scheibe, um die Position einzustellen. Sie können eine käufliche Einrichthilfe verwenden oder sich aus einem Stück Sperrholz selbst eine basteln.

## Einrichthilfe für das Schleifen von Röhren

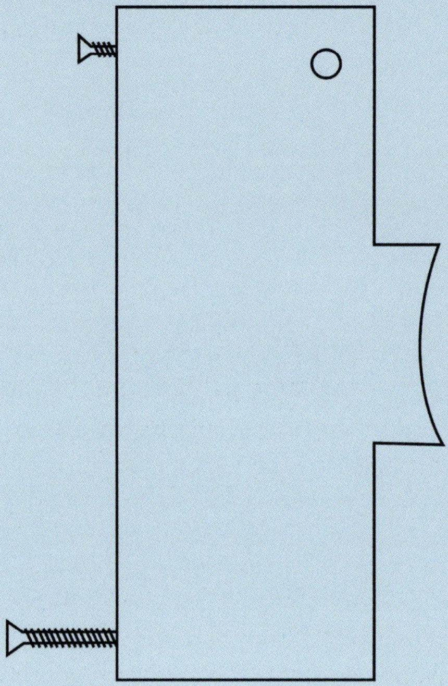

Es ist essenziell, V-Arm oder Haltepunkt Ihrer Schleifführung einstellen zu können. Für eine Hilfe sägen Sie ein Stück 2 cm starkes Sperr- oder Kiefernholz zurecht, das 25,4 cm lang und 12,7 cm breit ist. Es wird zu den meisten üblichen Schleifsystemen passen. Schrauben Sie an zwei gegenüberliegenden unteren Ecken je eine 7,6-cm-Schraube zur Hälfte ein. Mit diesen können Sie Verstellungen vornehmen. Mit einer Schraube gegen den V-Arm gestützt kann die Hilfe außen an der Schleifscheibe sitzen. Zeichnen Sie das Profil nach und sägen Sie mit einer Band-, Stich- oder Laubsäge aus. Sie brauchen auch darunter Aussparungen, damit das Holz nicht an der Schutzhaube der Schleifscheibe anschlägt. Sie können die Hilfe dann in den V-Arm einsetzen, um zu prüfen, ob der Abstand für ein Werkzeug stimmt. Für ein anderes Werkzeug drehen Sie sie um und stellen die andere Seite ein.

Setzen Sie den Arm Ihrer Schärfführung an den Haltepunkt. Beginnen Sie rechts, arbeiten Sie zur Mitte, wechseln Sie die Seiten und führen Sie die Schliffe im Zentrum zusammen.

Der Arm der Schärfführung wird dann an den Haltepunkt oder V-Arm gesetzt. Das Werkzeug wird mit leichtem Druck auf die Scheibe geführt. Sie sollten rechts beginnen und sich zur Mitte vorarbeiten. Dann schieben Sie den Griff nach links und schleifen von der linken Oberkante zur Mitte. Dort läuft alles zusammen.

Ein „Fingernagel"-Profil macht das Werkzeug vielseitig einsetzbar.

Mehr oder weniger Arbeit an einzelnen Stellen wird das Profil verändern. Das „Fingernagel"-Profil mit seiner leicht gerundeten Spitze und zurückgeschwungenen Oberkanten ist vielseitig einsetzbar. Achten Sie auch auf symmetrische Flügel. Einer sollte nicht weiter zurückreichen als der andere.

### Schalenröhren

Schalenröhren können für unterschiedliche Zwecke auf unterschiedliche Winkel geschliffen werden. Wir beginnen mit dem üblichen 50°-Winkel im „Fingernagel"-Schliff. Eine solche Kante ist vielseitig und ein guter Anfang, wenn Sie erst eine oder zwei Schalenröhren haben.

Benutzen Sie die Einrichthilfe für den Winkel Ihrer Schalenröhre.

Die Vorbereitung der Schalenröhre für diesen Winkel ist ganz ähnlich wie bei der Spindelröhre. Der Unterschied ist der Abstand zwischen Haltepunkt und Schleifscheibe. Nutzen Sie zum Suchen der V-Arm-Position für 50° eine gekaufte Einrichthilfe oder bauen Sie sich eine wie beschrieben, um die Einrichtung zu erleichtern. Der Abstand sollte ungefähr 17 cm von der Scheibenvorderseite betragen.

## Winkel für die Fasen von Schalenröhren

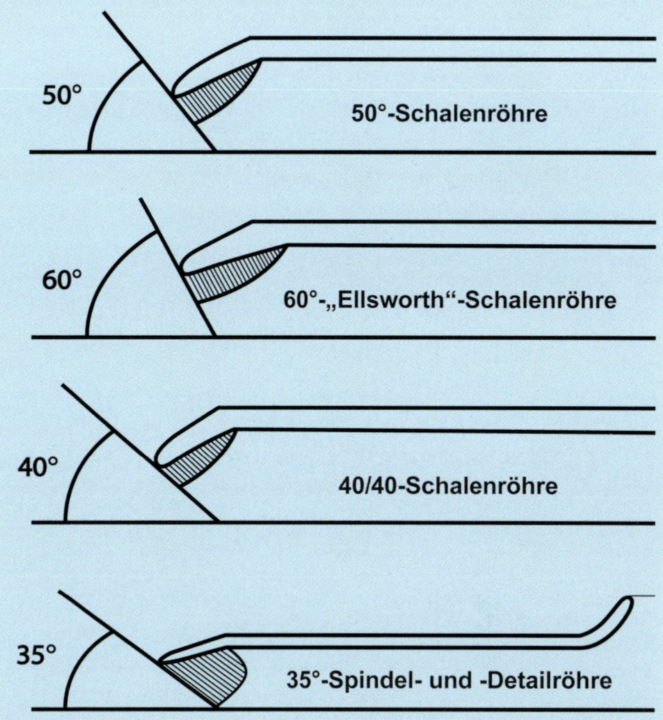


Es gibt nicht den einen richtigen Winkel oder Schliff für Schalenröhren. Verschiedene Winkel erzeugen verschiedene Ergebnisse und beeinflussen die Benutzungsweise. Auch wenn 50° ein guter Anfang sind, bevorzuge ich allgemein einen 60°-Winkel für den traditionellen „Ellsworth"-Schliff. Je nachdem, welche Schärfführung Sie verwenden, können Sie sich hierfür an unterschiedlichen Markierungen orientieren. Der Haltepunkt sollte allgemein 17 cm von der Vorderseite der Schleifscheibe bleiben.

Die Röhre kann ca. 5 cm aus der Schärfführung herausragen, mit dem Arm auf ungefähr 25°. Die Röhre wird mit leichtem Druck auf die Schleifscheibe gesenkt, um durchgängig Kontakt zu halten. Arbeiten Sie zuerst rechts und stellen Sie sicher, dass die Schnittkante gerade oder leicht von der Spitze zurückläuft. Leicht konzentriert man sich ganz auf die Spitze, aber dadurch entsteht eine Vertiefung und die Oberkanten links und rechts von der Spitze werden unkontrollierbar. Die Werkzeugspitze sollte der vorderste Punkt sein, von dem aus die Flügel zurücklaufen. Schleifen Sie um die Spitze herum nur so viel, dass die Fase gleichmäßig bearbeitet wird, bevor Sie den Griff herumschwingen und an den Flügeln fortfahren.

Halten Sie leichten Druck aufrecht, wenn Sie Ihre Röhre schärfen. Die Werkzeugspitze sollte der vorderste Punkt sein, von dem aus die Flügel zurücklaufen.

## Eine Schalenröhre freihändig schärfen

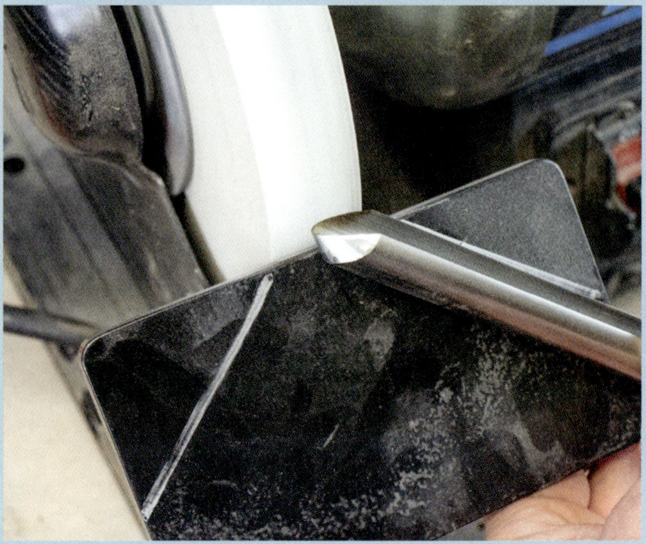

Auch wenn die Verwendung einer Schleifführung einfacher und nachhaltiger ist, können Sie Schalenröhren auch freihändig schleifen. Kollege Stuart Batty ist berühmt für seinen „40/40"-Schliff. Dabei verwendet er einen Fasenwinkel von 40°, während das Werkzeug um 40° nach außen geschwenkt wird, um die Flügel zu schärfen. Dieser vielseitige Schliff schneidet etwas aggressiver.

Richten Sie die Auflage an der Schleifmaschine auf 40° ein. Darauf zeichnen Sie Linien im 40°-Winkel zur Scheibe. Die Flügel der Röhre werden gegen die Scheibe gehalten und auf einer Seite vor und zurück geführt, während der Schaft auf der Markierung liegt. Dann schwenken Sie die Röhre von rechts nach links, während Sie das Werkzeug drehen, sodass es in der Mitte der Bewegung flach aufliegt. Dann drehen Sie linksherum weiter, während Sie in die linke Bogenhälfte eintreten, um die Flügel zusammenzuführen und eine gleichmäßige Fase zu schaffen.

# Veredeln

Wenn ich als Drechsler an Veredelungen denke, teile ich diese in zwei Gruppen ein: die, die lebensmittelecht sind, und die, die es nicht sind. Das liegt daran, dass ich so viel für die Benutzung in der Küche und mit Essen drechsle. Ein lebensmittelechter Lack sollte Folgendes leisten: die Maserung betonen und die natürliche Beschaffenheit des Holzes hervorheben. Er sollte das Stück auch haltbarer machen, indem er Wasser abweist und die Poren des Holzes verschließt, damit es nicht quellen und schrumpfen kann.

Der Nachteil lebensmittelechter Lacke ist, dass die meisten von ihnen nicht so beständig sind wie die chemielastigeren. Auch wenn es einige Veredelungen gibt, die lebensmittelecht und beständig sind, benutze ich für Möbel lieber Polyurethane und andere chemische Lacke. Für mich gibt es keine „Allround"-Veredelung. Ich benutze mehr als ein Dutzend, um unterschiedliche Effekte zu erzielen und verschiedene Zwecke zu erfüllen.

Es gibt so viele Veredelungen auf dem Markt, dass man kaum weiß, wo man anfangen soll. Ich werde erläutern, woraus sie hergestellt werden, wie sie auf das Holz wirken und wie zweckmäßig sie sind, damit Sie eine begründete Kaufentscheidung treffen können

## Lebensmittelechte Lacke

Lebensmittelechte Lacke fangen im Allgemeinen bei Speiseölen an. Dies sind meist pflanzliche Öle, wie Leinöl, Tungöl, Walnussöl, Hanföl oder Traubenkernöl, um nur ein paar zu nennen. Einige dieser Öle polymerisieren oder härten aus, was für zusätzliche Beständigkeit sorgt. Nicht härtende Öle tun's auch, aber sie werden schneller im Spülbecken ausgewaschen. Immerhin ist Spülmittel dafür gemacht, ölige Substanzen zu lösen.

Diese lebensmittelechten Lacke benutze ich oft, aber probieren Sie selbst aus, womit Sie am besten arbeiten können.

Tungöl wird aus den Samen oder Nüssen eines Baumes gewonnen und ist ein tolles natürlich aushärtendes Öl, dieser Vorgang dauert allerdings sehr lange. Rohes Leinöl trocknet ähnlich langsam, schmeckt aber oft unangenehm. Wärmebehandeltes Leinöl ist viel besser, weil es schneller trocknet. Wichtig ist, dass das im Baumarkt erhältliche „gekochte" Leinöl oft nicht wirklich gekocht oder wärmebehandelt wurde, sondern chemische Härter enthält, die nicht lebensmittelecht sein können.

Es gibt etliche Lacke, deren Namen verwirrend oder sogar irreführend sind. „Tungöl-Firnis" enthält meist gar kein Tungöl, sondern „gekochtes" Leinöl mit einem Polyurethan und Verdünnung; nichts davon ist lebensmittelecht. Auch Danish Oil ist diesbezüglich nicht immer zuverlässig. Wenn Sie einen dieser Lacke wählen, lesen Sie sich genau die Etiketten und Beschreibungen durch.

An und für sich können Sie jedes pflanzliche Öl verwenden, etwa Olivenöl. Das Problem ist, dass sie ranzig werden können und deshalb vermieden werden sollten.

Walnussöl sorgt manchmal für Skepsis, was die Verträglichkeit für Nussallergiker betrifft. Wenn es als Veredelung verkauft und benutzt wird, sollte es als „gereinigt" ausgezeichnet sein. Diese Verarbeitung spaltet die Proteine, die allergische Reaktionen auslösen; das Öl sollte danach sicher sein. Zusätzlich erzeugt sie ein polymerisierendes Öl, das nicht mehr ranzig wird. Aber wenn Sie Sorgen wegen Allergien haben, wählen Sie lieber eine Alternative.

Die andere infrage kommende Veredelungsgrundlage sind Weißöle („Paraffinöl"). Sie werden aus Erdöl gewonnen und sind in den USA für den Gebrauch in der Lebensmittelindustrie zugelassen – in der EU allerdings ausdrücklich nicht. Man findet sie auch in Apotheken, wo sie als Abführmittel zur oralen Einnahme verkauft werden. Weißöle sind günstig und überall zu bekommen. Ich vermeide sie aber nach Möglichkeit, weil ich lieber natürliche Öle zu mir nehme und nicht noch mehr Erdöl verbrauchen möchte. Alle diese Öle können auch mit lebensmittelechten Wachsen wie Bienen-, Candelilla- oder Carnaubawachs gemischt werden. Dies sorgt für zusätzlichen Schutz.

Ein Favorit von mir und vielen anderen sind Hartwachsöle. Das sind Mischungen aus Öl und Wachs, oft mit einem lebensmittelechten Härter oder härtendem Öl. Sie bieten große Haltbarkeit, heben die Maserung des Holzes hervor und lassen Ihr Werk glänzen. Manchmal sind sie schwierig aufzutragen, weil sie bei Überdosierung Pfützen auf der Holzoberfläche bilden und tropfen; die Verwendung eines Pinsels kann Spuren hinterlassen. Verwenden Sie nur so viel wie nötig und wischen Sie überschüssiges Öl ab. Ich benutze ein weißes Schleifpad zum Auftragen.

## Andere Veredelungen

Die meisten beim Drechseln gebräuchlichen Veredelungen sind nicht lebensmittelecht. Diese sind meist auch diejenigen, die am einfachsten erhältlich und am vielfältigsten sind. Dazu gehören Polyurethane, Lacke, Firnisse und Epoxidharz. Baumärkte und große Kaufhäuser haben sie immer auf Lager, und wahrscheinlich haben Sie auch einige davon im Haus. Sie sind beständig, aber die Dämpfe können gefährlich und ihr Aussehen unangenehm sein. Oft verleihen sie dem Holz einen Gelbstich und lassen die Oberfläche wie Plastik aussehen.

Dies sind einige meiner Lieblingsveredelungen.

Damit kann man Möbelstücke lackieren, aber der Drechsler wird nach Alternativen suchen.

Die nützlichsten Veredelungen für Drechslerzwecke sind Mischungen aus Ölen und Polyurethanen. Sie bieten einen guten Holzschutz und sind leicht zu handhaben. Bestandteile sind fast immer „gekochtes" Leinöl, Polyurethane und ein Verdünnungsmittel, etwa Naphtha. Sie sind einfach aufzutragen und sorgen meist nicht für ein plastikartiges Aussehen.

## Kaseinfarben

Bis auf wenige Ausnahmen versuche ich meistens, Holz so zu veredeln, dass seine natürlichen Eigenschaften betont werden. Deshalb benutze ich Veredelungen, die das Aussehen nicht verändern, sondern Maserung und Farbe des Holzes deutlicher hervorheben. Es gibt genug Holzsorten, um mit natürlich veredeltem Holz das gesamte Farbspektrum abzudecken. Manchmal jedoch kann zusätzliche Farbe ein langweiliges Stück Holz aufpeppen oder Form und Stil unterstützen.

Verleihen Sie Ihrem Holz mit lebensmittelechten, natürlichen Kaseinfarben Leben!

Kaseinfarben sind meine Lieblingsmethode, um Holz zu färben. Sie sind lebensmittelecht, völlig natürlich, beständig und in vielfältiger Weise einsetzbar. Ihre Grundlage ist Milchprotein, das mit natürlichen Farben vermischt wird. Man kann sie einfach zu Hause herstellen, aber es gibt auch einige tolle Bezugsquellen für selbst gemachte und hochwertige Farben. Diese werden in Pulverform verkauft und mit Wasser vermischt, um die gewünschte Konsistenz zu erreichen. So können Sie nicht nur die Zähigkeit und das Aussehen der Farbe kontrollieren, sondern sparen auch an Gewicht und Versandkosten und können sie leicht lagern.

Das Farbpulver kann mit einem Spatel verrührt oder in einem Deckelglas geschüttelt werden. Geben Sie mehr Wasser hinzu, wird die Farbe dünnflüssiger und dient eher als Beize. Sie können Klebeband oder Malerkrepp als Abdeckung verwenden, um nach dem Trocknen der Farbe das blanke Holz freizulegen.

Indem Sie lasieren, können Sie der Farbe großartige Tiefe verleihen. Sie können eine Grundschicht auftragen, trocknen lassen und danach eine weitere Schicht ergänzen. Die Grundschicht wird durchscheinen, und das Spiel mit verschiedenen Zähigkeiten und Farbverläufen von Hell nach Dunkel und umgekehrt kann neue Möglichkeiten schaffen.

Durch die Farbe zu schleifen kann beim Lasieren helfen oder das blanke Holz darunter freilegen. Sie können das von Hand, auf der Drechselbank oder mit einem Exzenterschleifer tun. Ein Stück 220er-Schleifpapier an einem Exzenterschleifer schleift schnell durch die Farbe und erlaubt Ihnen zu bestimmen, wo Sie wie viel entfernen.

## Beizen

Manchmal werden Holzlacke und Holzbeizen verwechselt. Normalerweise verändern beide die Farbe des Holzes, aber ihre Wirkungsweise ist sehr verschieden. Ein Holzlack bietet Schutz, und die farbliche Veränderung ist meist die Folge eines Öls, das ins Holz einzieht und ihm ein ganz ähnliches Aussehen verleiht, als sei es mit Wasser durchnässt. Die meisten Beizen hingegen verändern nur die Farbe des Holzes. Deshalb muss noch zusätzlich lackiert werden.

Beizen können nützlich sein, aber für den Drechsler ist es sinnvoller, ein Holz zu kaufen, das bereits die gewünschte Farbe hat. Das ist günstiger und geht schneller, als eine andere Holzsorte zu kaufen und später zu beizen. Außerdem sind die meisten Beizen nicht lebensmittelecht und reagieren auf viele Holzarten unvorhersehbar. Wenn Sie eine Beize verwenden möchten, probieren Sie sie unbedingt vorher an einem Holzrest aus, bevor Sie sie auf Ihr Werk auftragen.

### Lebensmittelechte Verdunkelung selbst herstellen

Mit Materialien aus Ihrem Haushalt können Sie eine einfache Zwei-Komponenten-Beize selbst herstellen. Einige Hölzer enthalten viele Tannine und reagieren auf das Eisenoxid in Stahl. Sie werden womöglich sogar bemerken, dass sich vom Drechseln stark tanninhaltiger Grünhölzer Ihre Hände und Werkzeuge verfärben.

Mischen Sie die Beize, indem Sie normalen weißen Essig mit einer Form von Stahl mischen. Stahlwolle ist schnell zur Hand; werfen Sie sie in den Essig und schütteln Sie, um die Reaktion anzuregen. Lassen Sie die Mischung etwa eine Woche lang stehen, damit sie das Holz schneller eindunkelt. Lagern Sie sie in einer Plastikdose, damit sie nicht mit dem Behälter reagiert.

Diese einfache Beize funktioniert gut bei stark tanninhaltigen Hölzern, aber nicht alle werden gleich reagieren. Kirsche, Walnuss und Eiche sind üblich. Tragen Sie die Lösung auf und lassen Sie sie trocknen. Um stärker zu verdunkeln, tragen Sie mehrere Schichten auf.

## Gedrechseltes Grünholz trocknen

Frisches Grünholz gehört zu den spaßigsten Dingen, die Sie drechseln können. Weniger spaßig ist, stundenlang an einem Stück zu arbeiten, das dann böse reißt. Das Trocknen von Grünholz kann etwas heikel sein. Es ist keine Wissenschaft, eher eine Kunstform. Beobachten und Üben sind die Schlüssel zum Erfolg.

Es gibt mehrere Gründe dafür, lieber Grünholz als getrocknetes Holz zu drechseln. Einer ist die Verfügbarkeit. Grünholz können Sie von Ihren Nachbarn, von Landschaftsgärtnern oder aus dem eigenen Garten bekommen. Die wichtigsten Faktoren sind aber Zeit und Qualität. Holz trocknet mit einer Geschwindigkeit von ca. 2,5 cm pro Jahr. Ein Schalenrohling von 10 cm Durchmesser bräuchte also zwei Jahre zum Trocknen, weil die Feuchtigkeit auf beiden Seiten austritt. Innerhalb dieser Zeit ist es sehr wahrscheinlich, dass das Holz reißt, fault oder sich Käfer einnisten.

Versiegeln Sie die Enden des Holzes, um Rissen vorzubeugen.

Klötze für Schalenrohlinge nach Bedarf sollten lang belassen und an den Enden versiegelt werden. Wenn Sie einen Schalenrohling ablängen und dann zu trocknen versuchen, wird das Hirnholz unweigerlich in beiden Richtungen reißen.

Grünholz hat einen sehr hohen Feuchtigkeitsgehalt von 100 % und sogar mehr. 100 % bedeutet, dass das Gewicht des Wassers im Holz dem tatsächlichen Gewicht des Holzes entspricht. Das Ziel für Holz zum Hausgebrauch liegt ungefähr bei 8 %. An diesem Punkt hat sich das Holz so weit stabilisiert, dass es sich wahrscheinlich nicht weiter verziehen oder schrumpfen wird und die Gefahr des Reißens vorüber ist. Grünholzschalen sind die üblichste Form, die gedrechseltes Grünholz annehmen wird. Sie lassen sich in zwei Gruppen einteilen: die „in einem Durchgang" und die „in zwei Durchgängen".

Hier sehen Sie eine Schale, die sich beträchtlich verzogen und dabei ihre runde Form verloren hat.

Eine Schale „in einem Durchgang" wird aufgespannt, gedrechselt und kann sich dann verziehen und ihre eigene Form entwickeln, während sie trocknet. Der Schlüssel zum Erfolg ist eine durchgehende Wandstärke. Für die besten Ergebnisse sollte diese weniger als 13 mm betragen. Wenn die Wände dicker sind, wird das Material zusätzliche Feuchtigkeit enthalten und an verschiedenen Punkten der Schale unterschiedlich schnell trocknen. Das liegt daran, dass wir sowohl in das Hirnholz als auch in die langen Fasern schneiden, die beide unterschiedlich trocknen. Aus dem Hirnholz, dem Bereich unterhalb des Markes, wird sich die Feuchtigkeit schneller verflüchtigen als aus den langen Fasern. Hier treten am häufigsten Risse auf, kurz nachdem die Schale gedrechselt wurde. In den ersten paar Stunden oder Tagen nach dem Drechseln wird die Schale am schnellsten Feuchtigkeit verlieren. Dies ist die kritische Zeitspanne, in der man sie beobachten und notfalls eingreifen muss. Nicht nur bringt der Feuchtigkeitsverlust die Schale in Bewegung; all das Holz, das die Fasern zuvor in Position gehalten hat, fehlt nun und sorgt so für weitere Veränderungen.

Wenn das Holz gesund und robust, frei von Defekten und mit durchgehender Wandstärke ist, kann man diese Schalen draußen trocknen lassen. Vermeiden Sie direkte Sonneneinstrahlung und große Hitze. Passen Sie gut auf: Ein Riss entwickelt sich schnell, und wenn er einmal da ist, bleibt er da.

Sie können das Entweichen der Feuchtigkeit verlangsamen, indem Sie die Schale in eine Papiertüte geben. Auch bei dieser Methode bleibt Beobachtung wichtig. Wenn das Holz nicht atmen kann, beginnt es zu schimmeln. Die Schale sollte pro Tag für eine oder zwei Stunden herausgeholt werden, um oberflächliche Feuchtigkeit abzugeben.

Besonders schwieriges Holz gebe ich für einige Stunden oder Tage in einen Plastikbeutel, bevor ich zur Papiertüten- und schließlich zur Lufttrocknungsmethode übergehe. Den Beutel auf links zu drehen und die Schale regelmäßig wieder hineinzugeben sorgt dafür, dass die Feuchtigkeit nur langsam schwindet. Vorsicht! Unaufmerksamkeit lässt auf Ihrem Holz Schimmel sprießen wie in einer Petrischale.

Schalen „in zwei Durchgängen" werden grün gedrechselt, dürfen trocknen und sich verziehen und werden dann wieder auf die Drehmaschine gespannt. Sie müssen dick gedrechselt werden, damit Sie sich nicht so sehr verziehen, dass man sie nicht mehr auf eine sinnvolle Stärke bringen kann. Diese Methode ist beliebt, weil Sie eine höhere Wandstärke zulässt und das Endprodukt unverformt ist. Hierbei muss allerdings oft ein Jahr lang getrocknet werden.

Die grob gedrechselte Schale sollte am Schluss eine Wandstärke von mindestens 10 % des Schalendurchmessers haben. Eine 25 cm breite Schale sollte also 25 mm dicke Wände haben. Das Hirnholz sollte dann mit verdünntem Holzleim oder einer Versiegelung bestrichen werden und trocknen.

Um zu bestimmen, wann Ihr Holz getrocknet ist, wiegen Sie es unmittelbar nach dem Drechseln und regelmäßig über die kommenden Wochen hinweg. Es wird anfangs drastisch Gewicht verlieren, aber sich stabilisieren, wenn es trocken ist.

Es kann schwierig sein, zu bestimmen, wann das Holz tatsächlich trocken ist. Es gibt digitale Feuchtigkeitsmesser, aber die hochwertigen sind teuer. Einfacher ist es, die Schale zu wiegen. Schreiben Sie nach dem Drechseln Datum und Gewicht der Schale auf. Wiegen Sie nach ein paar Wochen nochmal. Anfangs wird sich das Gewicht stark verringern, weil das Holz rasant an Feuchtigkeit verliert. Wenn Sie nur noch kleine und schließlich keine Veränderungen mehr feststellen, können Sie sicher sein, dass Ihre Schale trocken und bereit für den zweiten Durchgang ist.

Lassen Sie sich beim Trocknen von Grünholz Zeit. Wichtig ist, zu beobachten, wie sich das Holz verhält, und kleine Unterschiede zwischen Maßen, anfänglichen Feuchtigkeitsniveaus und Holzarten zu erkennen.

## Dauerhafte Holzpflege

Eine ideale Holzveredelung sollte auch das Reinigen Ihrer Holzarbeiten erleichtern. Die in diesem Buch beschriebenen lebensmittelechten Lacke sind dazu vorgesehen, ohne besondere Pflege auszukommen. Sie können im Spülbecken mit Seife und Wasser gewaschen und in einem Trockenständer luftgetrocknet werden. Sie sollten nicht in den Geschirrspüler gegeben werden oder in Wasserpfützen stehen. Davon würde das Holz reißen, weil seine Poren Wasser aufnehmen, aufquellen und womöglich zum Totalschaden führen. Auch wenn Sie eine Schale abgetrocknet haben, stellen Sie sie trotzdem in einen Ständer, damit die Luft zirkulieren kann.

Wenn Ihr Holz seinen Glanz verliert, ist es Zeit für eine neue Veredelung.

Je nach Veredelung wird das Stück allmählich trocken aussehen, wenn das Öl langsam aus dem Holz gewaschen wird. Bei nicht härtenden Veredelungen wie Weißölen geschieht dies schneller. Sie können normalerweise die gleiche Veredelung nochmals auftragen oder eine der anderen ausprobieren, die ich hier aufgeführt habe. In der Regel sind all diese Veredelungen nur Öle und Wachse, und das Holz sollte auf sie ähnlich reagieren.

Bei anderen Veredelungen wie Polyurethanen und Firnis ist die einfachste Behandlung meist die beste Behandlung. Stauben Sie diese Stücke regelmäßig ab. Wenn nötig, säubern Sie sie mit warmem Spüliwasser. Achten Sie darauf, keine Pfützen auf der Oberfläche zu hinterlassen. Abtrocknen ist sinnvoll.

Vermeiden Sie handelsübliche Haushaltsreiniger. Sie lösen die Veredelung ab und verursachen Verfärbungen. Meiden Sie auch Möbelpolitur. Sie enthält verschiedene unerwünschte Stoffe. Insbesondere Silikon kaschiert zwar Kratzer, aber macht es schwierig, das Stück neu zu veredeln.

Verwenden Sie Weißöle oder Naphtha, um Holz und Holzmöbel zu reinigen. Sie verflüchtigen sich rasch, und damit auch die Gefahr einer Verfärbung oder Verformung.

Weißöle oder Naphtha eignen sich zum Reinigen von Holzmöbeln. Sie verflüchtigen sich rasch, und damit schwindet auch die Gefahr, dass sie Pfützen bilden oder ins Holz einsickern und Verfärbungen oder Quellen verursachen könnten. Das kann an Stellen vorteilhaft sein, wo Holzverbindungen Wasser einsickern lassen und Schwierigkeiten machen könnten. Dies sind aber Chemikalien mit gefährlichen Dämpfen, also achten Sie auf eine gute Belüftung.

Schlussendlich gebe ich gern einen Hauch Möbelwachs auf eine haltbare Polyurethan- oder Firnisveredelung. So werden alle Risse gefüllt und der ursprüngliche Glanz der Veredelung wiederhergestellt. Viele verbreitete und gute Optionen gibt es in den meisten Baumärkten.

# Projekte

# Holzhammer

Ein Holzhammer ist aus vielen Gründen ein tolles erstes Projekt für Drechsler. Man kann dafür beinahe jedes Holz verwenden: ein wenig frisch geschnittenes Grünholz, einen dicken Klotz vom Holzhändler, ein Laminat aus mehreren Stücken oder sogar einen Scheit Brennholz. Das schlussendliche Ergebnis muss nicht perfekt sein. Immerhin ist dieser Hammer dazu gedacht, kräftig auf die Enden von Meißeln oder anderen Werkzeugen geschlagen zu werden und um Ihren Mitnehmer ins Ende eines Rohlings zu treiben.

Probieren Sie möglichst zuerst Grünholz. Es ist angenehm und leicht zu bearbeiten, Sie bekommen sofort ein klares Gefühl dafür. Das ist ein großer Vorteil für die ersten Gehversuche. Sie können ein bereits rund geformtes Stück verwenden, zum Beispiel von einem Ast. Der Nachteil eines Hammers aus Grünholz ist, dass er schnell brechen kann, wenn auch nicht so, dass man ihn nicht mehr gebrauchen kann.

Zusätzlich können Sie an diesem Projekt zahlreiche Werkzeuge ausprobieren, ohne dabei Ihr Endergebnis zu beschädigen oder zu beeinträchtigen. Wo der Stiel sein wird, gibt es eine Menge Holz zu entfernen. Dort können Sie hervorragend mit Spindelröhre, Flachmeißel, Abstecher und Schaber experimentieren. Wenn Sie unzufrieden sind, schälen Sie die Holzschicht einfach weg und beginnen von vorn.

## geübte Fertigkeiten

- Zentrieren mit der Schruppröhre,
- Verwenden des Abstechers,
- Innenbögen mit der Spindelröhre,
- Schälschnitte mit dem Flachmeißel,
- Hobelschnitte mit dem Flachmeißel,
- V-Schnitte mit dem Flachmeißel,
- Bögen mit dem Rundschaber.

## Werkzeuge und Materialien

- Schrupppröhre,
- Spindelröhre (ca. 9,5 mm),
- Abstecher (vorzugsweise rautenförmig),
- Flachmeißel,
- Bohrer (3 mm),
- Laubholzrohling (ca. 10,5 x 10,5 x 38,5 cm),
- Schleifpapier (Körnung 80).

**1. Wählen Sie Ihr Holz.** Das Stück sollte groß genug für einen Hammer sein. An den Enden und in der Mitte brauchen Sie zusätzliches Material. Ein Stück von mindestens 10,5 x 10,5 x 38,5 cm sollte ausreichen. Ich verwende hier ein Stück von einem Baum, den ich bei meinen Eltern geschlagen habe – es bringt einigen sentimentalen Wert und eine Menge Holzwurmlöcher mit. Nach dem Ablängen entferne ich die Rinde.

## Wie man das Zentrum findet

Bei einem quadratischen Stück Holz findet man das Zentrum am schnellsten, indem man ein Lineal diagonal von Ecke zu Ecke legt und den Mittelpunkt anzeichnet. Bei einem runden Stück verwenden Sie ein spezielles Lineal mit mittiger Nullmarke, um den Mittelpunkt zwischen den Rändern zu finden. Bei unregelmäßig geformten Stücken ziehen Sie mit dem Zirkel einen Kreis durch die äußersten Punkte und messen dessen Mittelpunkt.

**2. Das Zentrum markieren.** Messen Sie den Durchmesser und markieren Sie den Mittelpunkt. Drehen Sie das Lineal um 90° und markieren Sie erneut – die Striche sollten sich im Zentrum treffen. Am anderen Ende wiederholen.

**3. An einem Ende ins Zentrum hineinbohren.** Hier können Sie die Körnerspitze hineinschieben. Dazu muss das Loch nicht tief sein, 6,5 mm sind völlig ausreichend.

**4. Am anderen Ende den Mitnehmer setzen.** Ihr Rohling fällt groß aus, deshalb ist ein guter Halt im Holz wichtig. Setzen Sie den Mitnehmer auf Ihre Markierung und verpassen Sie ihm ein bis zwei feste Schläge mit dem Gummihammer. Er sollte danach fest sitzen. Nächstes Mal können Sie einen Holzhammer verwenden! Schlagen Sie nie Metall auf Metall.

**5. Rohling auf die Drechselmaschine spannen.** Es hilft, die Werkzeugauflage herauszunehmen und den Untersatz zurückzufahren. Schieben Sie zuerst den Mitnehmer in die Spindel und drücken Sie ein wenig, damit das Holz sich nicht löst. Ziehen Sie den Reitstock nah heran und schieben Sie die Körnerspitze in das zuvor gebohrte Loch.

**6. Werkzeugauflage dicht am Werkstück platzieren.** Setzen Sie die Auflage wieder in den Untersatz, knapp unterhalb der Mitte des Werkstückes. Schieben Sie den Untersatz vor, sodass sie nah (ca. 13 mm) am Holz liegt. Drehen Sie das Stück mit der Hand, um sicherzustellen, dass es nicht anschlägt.

**7. Drehmaschine einschalten und das Holz beschleunigen.** Für den Anfang sind ca. 500 U/min. sinnvoll. Je nach Holz sitzt Ihr Rohling vielleicht etwas wacklig auf der Maschine. Die Geschwindigkeit ist nicht essenziell, solange Ihre Maschine nicht durch den Raum wandert oder so langsam läuft, dass Sie Zeit verschwenden.

**8. Beginnen Sie mit der Schrupprühre.** Folgen Sie dem „ABC des Drechselns". Halten Sie das Werkzeug zuerst mit dem Griff so niedrig, dass die Kante keinen Kontakt zum Holz hat. Ihre nicht dominante Hand sollte die Röhre mit festem Griff an der Auflage fixieren. Wenn Sie Ihre Führhand heben und das Werkzeug in die Horizontale bringen, wird die Fase zu schneiden beginnen.

**9. Führen Sie die Schrupppröhre von einer Seite zur anderen.** Das Werkzeug sollte senkrecht zur Drehrichtung bleiben, während Sie sich hin und her bewegen. Schwingen Sie das Werkzeug nicht – bewegen Sie Ihre Füße und Ihren Körper, um den korrekten Winkel einzuhalten.

**10. Schneiden Sie weiter.** Wenn Ihr Werkstück auf der ganzen Länge der Werkzeugauflage zylindrisch ist, schieben Sie Auflage und Untersatz auf dem Bankbett weiter, um den Rest zu bearbeiten. Es ist effizienter, erst einen Abschnitt fertigzustellen und dann weiterzuwandern. Schalten Sie die Drechselmaschine aus, bevor Sie die Teile verschieben!

## Arbeiten von groß nach klein

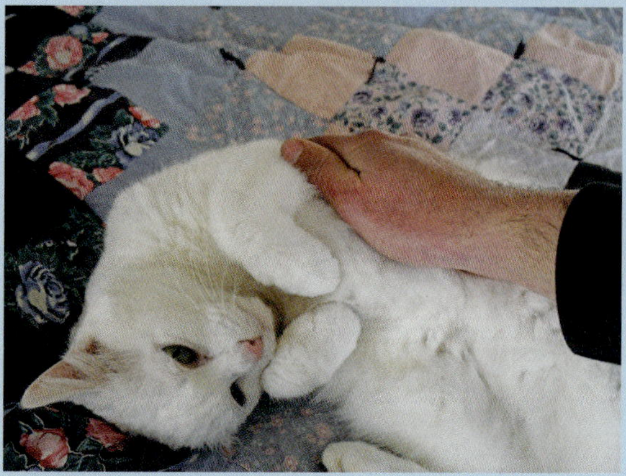

Mit der Maserung.

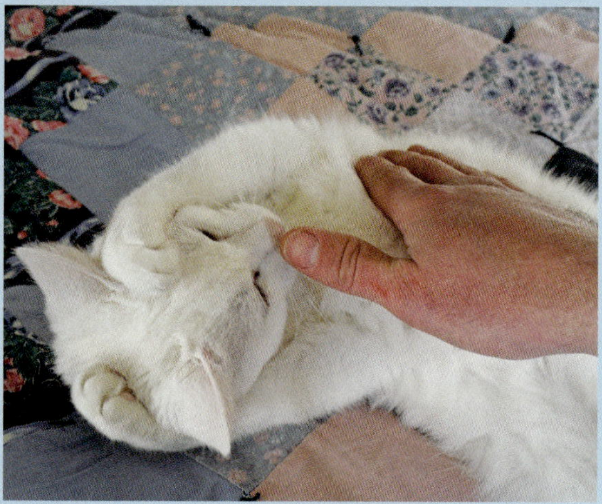

Gegen die Maserung.

Beim Abschruppen eines Holzstückes arbeiten Sie immer „abwärts“, vom Großen hin zum Kleinen. Beim umgekehrten Arbeiten würde das Werkzeug ins Hirnholz fassen und nur mit großem Kraftaufwand zu beherrschen sein. Von groß nach klein zu schneiden komprimiert die Fasern; die Arbeit wird so sauberer und sicherer. Es ist wie bei Ihrer Mieze: Wenn Sie sie mit dem Strich streicheln, ist sie glücklich und Sie sind es auch. Streicheln Sie sie gegen den Strich, vom Schwanz zum Kopf hin, dann wird sie sauer und Sie müssen sich verdammt anstrengen, um ihre Liebe zurückzugewinnen.

**11. Definieren Sie das Ende des Werkstückes mit dem Abstecher.** Das Werkzeug sollte so platziert sein, dass es über das Ende des Materials hinausragt. Das Ende mit dem ersten Stich plan schneiden und kein Material überstehen lassen. Dann fangen Sie wieder mit der Schneidfase oben an und senken sie auf das Holz hinab, bis sie zu schneiden beginnt. Verschmälern Sie das Ende zu einem dünnen Zylinder rund um die Körnerspitze. Stechen Sie direkt daneben wieder und wieder ein, um einen Holzstiel zu schaffen.

**12. Wiederholen.** Wiederholen Sie den Vorgang auf der Mitnehmerseite, aber passen Sie auf, dass Sie der rotierenden Spitze nicht zu nahe kommen. Beim Stechen werden Sie bemerken, dass der Griff des Abstechers mit abnehmendem Durchmesser gehoben werden muss, um die Schneidfase am Holz zu halten.

**13. Merkmale anzeichnen.** Zeichnen Sie die wesentlichen Merkmale des Hammers mit einem Bleistift an. Der Kopf wird etwas weniger als die Hälfte der Gesamtlänge einnehmen. Zwischen Stiel und Kopf liegt eine sich verjüngende Übergangsstelle. Markieren Sie diese, indem Sie den Bleistift am Anfang der Verjüngung ansetzen und das Holz mit der Hand drehen, um eine durchgehende Linie zu setzen. Tun Sie das Gleiche dort, wo der Stiel sich zum Kopf auswachsen soll.

**14. Definieren Sie den Stiel mit dem Abstecher.** Verschmälern Sie den Stiel mit dem Abstecher fast bis auf seinen endgültigen Durchmesser. Beginnen Sie am Anfang des Stieles hinter dem Übergang und stechen Sie zweimal nebeneinander. Reduzieren Sie den Durchmesser etwas, dann stechen Sie wieder daneben. Bewegen Sie das Werkzeug vor und zurück, damit es nicht hängenbleibt. Gehen Sie lieber auf Nummer sicher und belassen Sie den Stiel ein wenig breiter, als nötig erscheint.

**15. Begradigen Sie den Hauptteil des Stieles mit der Schrupppröhre.** Entfernen Sie das restliche Material um den Stiel mit der Schrupppröhre. Führen Sie das Werkzeug hin und her. Auf der Außenseite können Sie es ins Leere laufen lassen, um den Schnitt abzuschließen. In Richtung des Einstiches aus dem vorherigen Schritt sollten Sie das Werkzeug zum Stich hin drehen. So können Sie näher an den Kopf heran schneiden. Achten Sie darauf, nicht zu weit zu drehen und die Oberkante des Werkzeuges zu erwischen!

## Ein guter Ort zum Üben

Am Stiel gibt es eine Menge Holz abzutragen. Hier können Sie Ihre Werkzeuge ausprobieren, ohne Schaden am Endergebnis zu riskieren. Sie müssen bald die Verjüngung von Kopf zu Stiel des Hammers schneiden, also probieren Sie das mal wie in Schritt 16 beschrieben im Restholz am Ende des Stieles. Versuchen Sie einen Hobelschnitt mit dem Meißel, wie unter „Werkzeuge und Techniken" (ab S. 20) beschrieben. Sie können mit dem Meißel auch einige Wülste versuchen. Erst stechen Sie mit dem Abstecher eine Vertiefung, wie für einen Hobelschnitt, dann drehen Sie das Werkzeug langsam ins Holz und schneiden mit der Kante.

**16. Drehen Sie eine Spindelröhre leicht nach rechts.** Beginnen Sie den Schnitt am Kopf, ca. 6,5 mm oberhalb des Überganges in den Stiel. Die leichte Drehung und der Druck am Röhrenheft nach links sorgen dafür, dass Sie an der richtigen Stelle schneiden – genau rechts vom Aufsatzpunkt Ihrer Fase.

**17. Schrägung des Stieles herausarbeiten.** Drücken Sie nach vorn und nach rechts, um die scharfe Kante abzuschälen und eine Schrägung von ca. 45° zu schaffen. Nicht mit Gewalt! Der Schnitt wird außerhalb des Werkstückes enden, und Sie wollen nicht hinterherrutschen. Setzen Sie zur Verfeinerung der Form lieber viele kleine Schnitte, als das Werkzeug zu zwingen oder möglichst großflächig zu schneiden. Wenn Sie beim Schneiden das Röhrenheft nach links ziehen und die Spitze rechts gedreht ins Holz drücken, entsteht eine konkave Oberfläche. Das Röhrenheft nach rechts zu schieben schafft eine konvexe Oberfläche.

**18. Vollenden Sie den Stiel.** Eine leichte Verdickung in der Mitte ist angenehm für die Hand, also verschmälern Sie das Werkstück auf beiden Seiten daneben. Sie können dafür fast jedes Werkzeug nehmen, aber ein solcher flacher Bogen schneidet sich am besten mit einem Rundschaber. Setzen Sie ihn senkrecht ans Holz. Den Schaber hält man immer so am Griff, dass die Spitze ein wenig nach unten zeigt. Probieren Sie zwischendurch aus, wie sich der Stiel greift. Wenn Sie herumgreifen und gerade so Ihre Faust schließen können, ist der Durchmesser ideal.

**20. Schleifen Sie den Hammer.** Stellen Sie die Drehmaschine auf ca. 1000 U/min. und schleifen Sie mit 80er-Schleifpapier. Führen Sie das Papier über die gesamte Oberfläche. Achten Sie besonders auf den Übergang zwischen Kopf und Stiel. Dieser besteht vor allem aus Hirnholz, deshalb ist er härter und braucht mehr Zuwendung. Sie können sich durch alle Körnungen bis 240 arbeiten, aber ich mag eine raue, griffige Oberfläche.

**19. Ergänzen Sie V-Schnitte.** Dafür stellen Sie den Meißel auf die Seite und drücken ihn senkrecht ins Holz, sodass die vorderste Spitze sticht. Setzen Sie einige dieser flachen Linien für mehr Griffigkeit.

**21. Runden Sie die Form ab.** Lösen Sie den Hammer von der Drehmaschine. Sägen Sie den Überstand an den Enden mit der Handsäge ab und bereinigen Sie die Stellen mit Meißel, Röhre oder Schleifgerät.

**22. Veredeln (optional).** Für mehr Griffigkeit bleiben Hämmer oft unveredelt, aber ein Lack hilft, sie sauber und in Schuss zu halten. Wählen Sie einen, der keinen glatten Film auf dem Holz erzeugt, wie Tung- oder Hartwachsöl. Haben Sie Ihren Hammer aus Grünholz gedrechselt, lassen Sie ihn erst eine oder zwei Wochen lang trocknen, ehe Sie veredeln.

# Nudelholz

Bei diesem Projekt soll es um ein einfaches „französisches“ Nudelholz gehen. Das ist für Einsteiger viel einfacher, weil die simple Verjüngung der Griffe leicht nachzuahmen ist.

Ein Nudelholz zu drechseln ist unkompliziert, bietet aber viele Möglichkeiten, Ihr Können zu verfeinern. Sie können tolle Schnitte mit der Schruppröhre ausprobieren, den Umgang mit dem Flachmeißel üben und das korrekte Abmessen lernen. Das Projekt braucht auch nicht viel Zeit, also fangen Sie einfach neu an, wenn es nicht gleich gelingt. Familie und Freunde werden sich über Ihre Geschenke freuen!

Nehmen Sie für den Anfang ein hochwertiges, kammergetrocknetes Laubholz. Viele Holzhändler bieten vorgeschnittenes Holz in Maßen an, die für das Projekt passen, aber manchmal ist es besser (und günstiger), sich ein breiteres oder längeres Brett zu schneiden. Das geht ganz einfach mit der Tischkreissäge, Bandsäge oder Kreissäge. Eine andere tolle Möglichkeit ist, einige unterschiedliche Holzstücke zu laminieren, um so einen einzigartigen Rohling zu schaffen.

## geübte Fertigkeiten

- Zentrieren mit der Schruppröhre,
- Abrichten mit dem Abstecher,
- Hobelschnitte mit dem Flachmeißel.

### Werkzeuge und Materialien

- Schruppröhre,
- Spindelröhre,
- Abstecher,
- Flachmeißel,
- Schiebelehren,
- Lineal oder Maßband,
- Laubholzrohling (ca. 5,5 x 5,5 x 46 cm),
- lebensmittelechter Lack, etwa Leinölfirnis oder Hartwachsöl,
- Schleifpapier (Körnungen 80, 120, 150, 180, 240).

**1. An beiden Enden das Zentrum markieren.** Ist der Querschnitt quadratisch, messen Sie diagonal von Ecke zu Ecke, um das Zentrum schnell zu finden.

**2. An einem Ende ein flaches Loch bohren.** Sie können einen Schraubstock verwenden, um das Ganze zu erleichtern. Am anderen Ende setzen Sie Ihren Mitnehmer an und geben diesem ein paar Klopfer mit Ihrem schönen neuen Holzhammer.

## Wie man den Mitnehmer platziert

Auch wenn Sie Ihrem Mitnehmer mit ein, zwei Schlägen besseren Halt im Holz verschaffen können, sind mit der Bandsäge gesetzte Einschnitte noch besser. Sie erlauben es dem Mitnehmer, sich sicher in den Rohling zu „setzen". So verrutscht er weniger leicht, wenn das Holz irgendwo anschlagen sollte, und Sie selbst können mit steigender Erfahrung allmählich etwas aggressiver schneiden. Sie können das Zentrum am Holz ausmessen und für die Bandsäge markieren oder sich zur Beschleunigung des ganzen Vorganges eine einfache Halterung bauen (siehe „Wie man das Holz vorbereitet"). Legen Sie den Rohling einfach in die Halterung. Sie hält ihn mit der Ecke nach oben, sodass Sie sich auf das Positionieren konzentrieren können. Richten Sie die obere Ecke am Sägeblatt der Bandsäge aus, dann sägen Sie geradewegs ca. 3,2 bis 6,4 mm hinein. Drehen Sie das Holz um 90°, dann wiederholen Sie die Prozedur. Diese Schnitte können entfallen, wenn Sie einen Stebcenter verwenden.

**3. Rohling auf die Drechselmaschine spannen.** Achten Sie auf einen festen Sitz des Mitnehmers. Wenn Sie Einschnitte gesetzt haben, können Sie den Dorn des Mitnehmers/Stebcenters an der Markierung ausrichten. Setzen Sie die Körnerspitze ein. Beim Festspannen des Rohlings mit dem Handrad darauf achten, dass ggf. Dorn und Einschnitte genau passen.

**4. Drechselmaschine vorbereiten.** Platzieren Sie Werkzeugauflage und Untersatz parallel zum Rohling und mit etwa 13 mm Abstand. Die Auflage sollte knapp unter der Mitte des Werkstückes liegen und über dessen Ende hinausragen. Drehen Sie das Werkstück wie immer zur Probe von Hand, bevor Sie die Maschine einschalten.

**5. Schaffen Sie eine Walze.** Verwenden Sie die Schrupppröhre, um den Rohling zylindrisch zu bekommen. Fangen Sie in der Mitte an und arbeiten Sie sich zu den Enden vor. Sie wollen sich immer mit der Maserung bewegen, und bei einem längeren Stück würden Sie leicht ins Hirnholz fassen, wenn es in der Mitte dicker ist und Sie Richtung Mitte arbeiten.

**6. Untersatz verschieben und weiter schneiden.** Schalten Sie die Maschine ab, bevor Sie den Untersatz auf die andere Seite des Rohlings schieben. Die Werkzeugauflage sollte die gesamte unbearbeitete Länge des Holzes abdecken, sodass Sie die Schrupppröhre hin und her führen können, ohne sich Sorgen um ein Abrutschen machen zu müssen.

**7. Prüfen Sie Ihren Fortschritt.** Benutzen Sie Ihre Schiebelehren, um auf der gesamten Länge der Walze den Durchmesser zu prüfen. Wenn es Vorwölbungen gibt, markieren Sie diese mit dem Bleistift. Sie können auch ein Lineal oder einen Winkel auflegen, um Täler und Höhen zu finden. Wenn alles gut aussieht, schneiden Sie weiter. Legen Sie gelegentlich eine Pause ein und achten Sie auch auf Ausrisse.

## Ist richtig zentriert?

Wenn sich ein Werkstück auf der Drechselmaschine dreht, ist mit bloßem Auge kaum zu erkennen, ob es zentriert ist. Zum Glück können Sie sich an Klang und Gefühl orientieren. Senken Sie bei laufender Maschine die Unterseite Ihres Werkzeuges hinab, ohne dass die Schneidfase das Holz berührt. Wenn Ihr Werkzeug klappert oder springt, können Sie davon ausgehen, dass Sie noch etwas Arbeit vor sich haben, bis das Holz völlig rund ist.

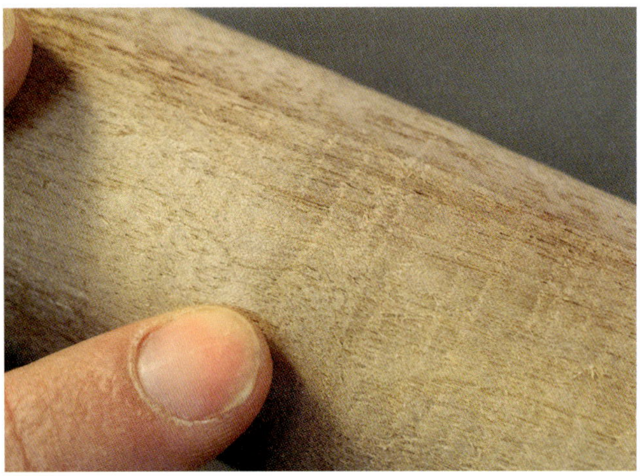

**8. Die Enden plan stechen.** Dazu dient der Abstecher. Platzieren Sie das Werkzeug ganz am Ende Ihres Werkstückes und senken Sie es ab, bis es zu stechen beginnt. Lassen Sie nur einen schmalen Holzstiel stehen, der die Verbindung mit den Spitzen hält.

**9. Verschmälern.** Verringern Sie den Durchmesser des Stieles, direkt am eigentlichen Nudelholz, mit dem Abstecher an beiden Enden noch etwas weiter. Messen Sie mit der Schiebelehre nach. Ein gutes Maß sind 22 mm, aber Sie können immer etwas mehr Material stehen lassen und schauen, ob es für Sie gut aussieht.

**10. Messen Sie das Werkstück ab.** Messen Sie mit einem Maßband oder einem Lineal von einem Ende der Walze zum anderen. Ein Maßband ist nützlich, weil Sie es anhaken können. Markieren Sie ca. 10,2 cm von beiden Enden aus.

**11. Ziehen Sie eine Linie.** Legen Sie den Bleistift auf die Werkzeugauflage und drehen Sie das Holz mit der Hand, um eine durchgehende Linie zu zeichnen. Versetzen Sie die Auflage auf die andere Seite und wiederholen Sie das.

**12. Schaffen Sie eine Schrägung.** Beginnen Sie auf der Reitstockseite und nehmen Sie die Schruppröhre, um eine gleichmäßige Schrägung bis hinunter zum 22-mm-Stiel zu schaffen. Es ist wichtig, nach außen zu arbeiten, um Ausrisse zu verhindern. Wenn Sie das Werkzeug minimal nach rechts drehen, kann es oberhalb des Stieles ins Leere schneiden. Drehen Sie aber nicht zu weit, sonst berührt die Kante des Werkzeuges das Holz.

**13. Schaffen Sie die zweite Schrägung.** Wiederholen Sie das Ganze auf der Spindelstockseite. Ist dies Ihr erster Versuch, dann lassen Sie die Schrägung glatt, damit Sie sie leichter spiegeln können. Kontrollieren Sie Ihren Fortschritt mit einem Lineal.

**14. Abschluss mit dem Flachmeißel.** Sind Sie mit den Schrägungen zufrieden? Bei durchgehend gemasertem Holz können Sie davon ausgehen, dass ein Hobelschnitt von links nach rechts durch die Maserung auf der Reitstockseite und umgekehrt auf der Spindelstockseite die Fasern des Holzes komprimieren und einen hübschen Effekt erzeugen wird. Schnitte in die Gegenrichtung würden die Fasern zerreißen. Wenn Sie noch keine Erfahrung mit dem Meißel haben, versuchen Sie es mit der Schruppröhre.

**15. Den Ansatz des Stieles verschmälern.** Reduzieren Sie den Durchmesser mithilfe des Abstechers auf beiden Seiten von 22 auf 13 mm. Vorher brauchten wir hier mehr Material als Orientierung für die Schrägung und damit die Werkzeuge nicht springen konnten. Kontrollieren Sie die Schlussmaße mit der Schiebelehre.

**16. Zeichnen Sie die Enden an.** Messen Sie auf jeder Seite 3,2 mm von der Kante und setzen Sie Ihre Markierungen.

**17. Runden Sie die Enden ab.** Drehen Sie den Flachmeißel mit der Spitze nach unten und schneiden Sie auf beiden Seiten von Ihrer Markierung bis hinunter zum 13-mm-Stich. Diese Verjüngung rundet die Kanten ab, sodass das Nudelholz angenehmer zu halten ist. Sie können auch eine Spindelröhre verwenden, wenn Sie sich damit sicherer im Umgang fühlen.

**18. Nudelholz abschleifen.** Beginnen Sie mit 80er-Schleifpapier und arbeiten Sie sich bis Körnung 240 durch. Ich sehe das Nudelholz als drei Oberflächen an: zwei Griffstücke und die Walze. Bearbeiten Sie erst die Griffe und dann die Walze statt unterschiedslos alles auf einmal, damit die Übergänge zwischen den Oberflächen nicht asymmetrisch werden.

**19. Ablösen von der Drehmaschine.** Entfernen Sie die Stiele auf beiden Seiten mit der Handsäge und lassen Sie etwas Material stehen. Schleifen Sie den Rest ab, bis Sie die Rundung erreichen.

**20. Lebensmittelsicheren Lack auftragen.** Ich verwende Hartwachsöl, weil es einfach ist und ich polymerisierende Öle mag. Leinölfirnis ist eine ebenso praktische und wirksame Möglichkeit.

## Für die beste Veredelung – die Maserung heben!

Nach dem Schleifen sollte sich Ihr Endergebnis völlig glatt anfühlen. Wenn ein hölzerner Gebrauchsgegenstand zum ersten Mal gewaschen wird, „hebt" sich jedoch die Maserung, weil die äußersten Fasern im Holz aufquellen. Das führt zu einer weit weniger glatten Oberfläche, die optisch und bei Berührung sogar struppig wirken kann. Um ein dauerhaft glattes Ergebnis zu erzielen, benetzen Sie das Werkstück gezielt mit Wasser. Lassen Sie es dann trocknen und schleifen Sie mit einem feinen Schleifpapier nach, entweder der Körnung, die Sie zuletzt benutzt haben, oder noch feiner. Dies ist besonders sinnvoll, wenn Sie ein Küchenutensil öfters im Spülbecken reinigen werden; bei anderen Objekten ist es nicht nötig. Nach dem Heben der Maserung veredeln.

# Honigheber

Einen Honigheber zu drechseln ist die perfekte Aufgabe, um den Einsatz des Flachmeißels zu üben. Sie können sogar das ganze Projekt nur mit diesem Werkzeug erledigen, aber wir nehmen noch einige weitere hinzu, um das Ganze zu beschleunigen. Honigheber sind nicht sehr groß, sie können also aus kleineren Holzresten gefertigt werden. Wenn Sie ein Stück auswählen, suchen Sie eines mit möglichst gerader Maserung. Unregelmäßige Maserung und Flachmeißel vertragen sich nicht. Gerade Fasern verleihen dem Objekt außerdem mehr Stabilität, besonders wenn der Griff – absichtlich oder versehentlich – sehr schmal wird.

Dieses Projekt kann eine Herausforderung sein. Das Stechen mit dem Meißel erfordert Übung. Ärgern Sie sich nicht, wenn es beim ersten Versuch nicht klappt. Es kann zu Macken und Ausrissen kommen. Ziehen Sie es bis zum Ende durch, aber hängen Sie nicht zu sehr am Ergebnis. Bereiten Sie mehr als einen Durchlauf vor. Wenn Sie jetzt die Grundfertigkeiten üben, werden Sie in der Zukunft viel Zeit sparen!

### geübte Fertigkeiten

- Zentrieren mit der Schruppröhre,
- Schälschnitte mit dem Flachmeißel,
- Hobelschnitte mit dem Flachmeißel,
- V-Schnitte mit dem Flachmeißel.

## Werkzeuge und Materialien

- Schrupprröhre,
- Abstecher,
- Flachmeißel,
- Brenndraht,
- Laubholzrohling (ca. 3,5 x 3,5 x 20,5 cm),
- lebensmittelechter Lack, etwa Leinölfirnis oder Hartwachsöl,
- Schleifpapier (diverse Körnungen).

**1. Rohling vorbereiten und auf die Drechselmaschine spannen.** Zentren markieren und in ein Ende ein Loch bohren (oder in beide, wenn Sie einen Stebcenter verwenden). Sägen Sie am anderen Ende für den Mitnehmer Einschnitte oder schlagen Sie diesen mit Ihrem Holzhammer ein. Platzieren Sie die Werkzeugauflage knapp unter der Mitte des Rohlings und parallel zum Faserverlauf. Drehen Sie von Hand, bevor Sie einschalten.

**2. Abschruppen des Rohlings mit der Schrupppröhre.** Führen Sie das Werkzeug gleichmäßig hin und her, um Kanten zu entfernen. Bei einem so kleinen Werkstück können Sie die Maschine auf 1000 U/min. oder mehr einstellen. Zwingen Sie das Werkzeug nicht ins Material. Schälen Sie das Holz mit ruhiger Hand allmählich herunter.

**3. Definieren Sie die Enden mit dem Abstecher.** Verschmälern Sie beide Enden des Rohlings zu Stielen, indem Sie wie gehabt drei oder vier Stiche nebeneinandersetzen. Beim innersten Stich verschmälern Sie ein wenig mehr auf ca. 13 mm Durchmesser.

**4. Einstechen.** Stechen Sie auf der Reitstockseite Ihres Werkstückes ca. 3,8 cm oberhalb des Endes mit dem Abstecher ein. Sie können den Punkt abmessen oder schätzen. Stechen Sie ca. 19 mm tief.

**5. Den Kopf zum Reitstock hin abrunden.** Setzen Sie den Meißel in der Mitte an, wo der Kopf am breitesten sein wird, mit der Spitze nach außen und der Unterkante zu Ihnen. Der Griff sollte leicht nach links versetzt sein. Die Fase sollte oben am Rohling zur Mitte hin aufsetzen. Wenn Sie langsam drehen und nach rechts schieben, wird sie schneiden.

**6. Tragen Sie Material in mehreren Durchgängen ab.** Der Meißel wird sich hineinbohren oder ausreißen, wenn Sie zu viel auf einmal schneiden wollen. Schälen Sie das Holz in langsamen Bewegungen von der Mitte her ab. Erhöhen Sie gegen Ende die Drehgeschwindigkeit, um abzurunden.

**7. Den Kopf zum Stiel hin abrunden.** Fangen Sie wieder in der Mitte an, aber diesmal in die andere Richtung. Die Bewegung läuft ebenfalls gedreht. Der Griff sollte nun nach rechts versetzt sein. Lassen Sie sich Zeit und führen Sie die Fase langsam bei mäßigen Umdrehungen nach links. Beim Schneiden in den tiefen Stich am Ende des Stieles drehen Sie das Werkzeug ein, damit die Unterkante keinen Kontakt bekommt.

**8. Entfernen Sie restliches Material.** Tragen Sie das Holz mit wiederholten Schnitten ab, bis Ihnen die Wölbung des Kopfes gefällt. Die Enden müssen noch nicht perfekt sein. Sie werden später verfeinert.

**9. Tragen Sie mehr Material ab.** Arbeiten Sie mit wiederholten Schnitten, bis Ihnen die Wölbung des Kopfes gefällt. Die Enden müssen noch nicht perfekt sein. Sie werden später verfeinert.

**10. Verschmälern mit der Schrupppröhre.** Auch der Stiel muss noch nicht perfekt werden. Erst einmal geht es darum, mehr Raum zu schaffen, um die Wölbung des Kopfes besser bearbeiten und die Honigfurchen formen zu können. Eine Schrägung ist völlig ausreichend. Machen Sie ein paar Züge von links nach rechts bis zur Wölbung.

**11. Verfeinern Sie den Kopf.** An dieser Stelle versuche ich, den Kopf genau richtig abzurunden. Das bedeutet meist, mit der Meißelspitze abwärts zu schneiden. Die Fase wird zur Linken vom Holz gestützt, während Sie rechts das Ende verfeinern. In Richtung Stiel ist es umgekehrt, und die Fase hat Kontakt nach rechts.

**12. Prüfen und schleifen Sie Ihr Werk.** Schalten Sie die Maschine ab. Suchen Sie nach Ausrissen und Unregelmäßigkeiten in der Oberfläche. Schleifen Sie den Kopf lieber jetzt als nach dem Anbringen der Furchen. So werden die Linien im Ergebnis klarer. Falls im nächsten Schritt Ausrisse entstehen, müssen Sie aber nachschleifen.

**13. Anlegen der Furchen mit dem Meißel.** Hier wird der Honig am Heber haften! Setzen Sie die Spitze genau auf die Mitte des Kopfes und stechen Sie ein, um einen V-Schnitt zu formen.

**14. Setzen Sie einen V-Schnitt am Ende des Kopfes.** Suchen Sie die Mitte zwischen der Mittelfurche und dem Ende. Stechen Sie gerade hinein. Halten Sie Ihr Werkzeug rechtwinklig zu der Oberfläche, die Sie schneiden. Dafür müssen Sie den Griff ein ganzes Stück nach rechts schieben. Der Meißel sollte ca. im 45°-Winkel zum Bankbett stehen, Schneidfase zum Spindelstock.

**15. Setzen Sie noch einen V-Schnitt.** Wechseln Sie auf die andere Seite und setzen Sie einen V-Schnitt zwischen Mittelfurche und Stielansatz. Stechen Sie gerade hinein, mit dem Griff nach links verschoben, um den rechten Winkel zur Oberfläche zu halten. Nun zeigt die Schneidfase zum Reitstock, in ca. 45° zum Bankbett.

**16. Setzen Sie die übrigen Honigfurchen.** Stechen Sie mit dem Flachmeißel immer mittig zwischen zwei der bereits zuvor geschnittenen Furchen bzw. einer Furche und dem Stielansatz gerade ein, um die nächste Honigfurche zu setzen. Am Ende sollten Sie am Kopf des Honighebers insgesamt sieben Furchen geschnitten haben.

**17. V-Schnitte aufweiten.** Beginnen Sie auf der linken Seite der Mittelfurche, ca. 1,6 mm neben der Mitte. Richten Sie das Werkzeug auf den Boden des Einschnittes und drücken Sie es vorwärts. Drehen Sie es ganz leicht nach links, damit die Schneidfase in Kontakt mit dem Holz bleibt.

**18. Mittelfurche rechtsseitig aufweiten.** Nun das Werkzeug ca. 1,6 mm rechts neben die Mitte setzen und vorwärts zum Boden des Einschnittes drücken. Den Meißel dabei ganz leicht nach rechts drehen, um den Kontakt zum Holz zu halten. Wiederholen Sie dies an den anderen Furchen. Während Sie den Kopf bearbeiten, verändert sich der Winkel der Werkzeugausrichtung. Wenn Sie nach rechts wandern, müssen Sie den Griff immer weiter nach rechts schieben, Spitze zum Spindelstock. Auf der linken Seite ist es umgekehrt.

**19. Versäubern der Furchen.** Säubern Sie die Furchen und bessern Sie nach, wo sie noch zu schmal sind. Achten Sie auch auf die Abstände zwischen den Furchen und nehmen Sie Holz weg, wo sie noch zu groß sind.

**20. Den Stiel vollenden.** Versuchen Sie, mit dem Meißel kontinuierlich vom Ende des Stieles bis zum Kopf zu schneiden. Spitze Richtung Kopf, Griff nach rechts verschoben. Wenn Sie sich dem Kopf nähern, richten Sie den Griff gerade aus, sodass die Unterkante nah an den Kopf herankommt.

**21. Brennen Sie in das Stielende.** Setzen Sie einen V-Schnitt. Dann legen Sie einen Brenndraht oben auf den rotierenden Honigheber und drücken ihn fest dort hinein. Ein bis zwei Sekunden lang rauchen lassen.

## Herstellen eines Brenndrahtes

Die Verwendung eines Brenndrahtes für saubere, prägnante Linien ist eine tolle Möglichkeit. Es ist jedoch nicht sicher, den Draht einfach in die Hand zu nehmen, und ein fester Griff ist beinahe unmöglich. Fertigen Sie sich stattdessen einfache Griffe, um den Draht zu befestigen. Benutzen Sie ein Stück Restholz und drechseln Sie daraus zwei Zylinder mit einem Durchmesser von ca. 19 mm. In die Mitte stechen Sie jeweils eine flache Furche. Wickeln Sie ein Ende eines soliden Stahldrahtes um die Furche und zurück, dann verdrillen Sie den Draht mit einer Zange. Mit dem anderen Ende am zweiten Griff wiederholen. Bei der Benutzung keine Schlinge oder ein „U" um das Holz formen, da er sich verklemmen könnte. Besser drücken Sie ihn von oben gerade hinein.

**22. Den Stiel abschleifen.** Wenn Sie mit Ihren Meißelschnitten eine schöne glatte Oberfläche hinbekommen haben, können Sie die groben Körnungen auslassen und mit 150 oder sogar 220 anfangen. Wenn es Ausrisse oder Unregelmäßigkeiten gibt, arbeiten Sie sich vom 80er bis dahin vor. Nehmen Sie zum Schleifen die Werkzeugauflage heraus.

**23. Trennen des Honighebers von der Drechselmaschine.** Setzen Sie mit dem Meißel einen V-Schnitt ganz am Ende des Kopfes. Weiten Sie diesen mit zusätzlichen Stichen weiter auf, bis der letzte Holzrest zerteilt ist und der Honigheber herunterfällt. Wenn Sie Erfahrung damit haben, können Sie ihn sogar im richtigen Moment von oben mit der Hand auffangen.

**24. Das Ende des Stieles abtrennen.** Sichern Sie den Honigheber im Schraubstock, während Sie mit der Handsäge sägen. Schleifen Sie die Enden ab, um Sägespuren zu beseitigen.

**25. Veredeln.** Tragen Sie lebensmittelechten Lack auf, etwa Leinölfirnis oder Hartwachsöl. Diesmal ist ein dünnflüssiger Lack besser geeignet, weil er sich gleichmäßiger in den Furchen verteilt.

# Ungeschliffener Holzkreisel

Holzkreisel zu drechseln macht Spaß, und Kinder, Erwachsene und neugierige Haustiere lieben sie. Sie bieten eine tolle Möglichkeit, Reste zu verwenden und gleichzeitig den Umgang mit dem Meißel zu verfeinern, eine ruhige Hand und sachtes Arbeiten zu lernen. Sie brauchen gesundes Holz mit gerade Maserung, damit es ungeschliffen bleiben kann. Vielleicht möchten Sie lieber eine hübsche Fladerung oder sogar Stockflecken – dann müssen Sie aber schleifen. Das ist keine große Sache, aber es ist ein schönes Gefühl, den Kreisel von der Drehmaschine zu nehmen und sofort eine perfekt glatte Oberfläche zu haben!

Hier verwenden wir ein 4-Backen-Drechselfutter. Das Projekt wird Sie mit diesem Werkzeug vertraut machen und Ihnen zeigen, wie man sich auf die Bedürfnisse und Beschränkungen des Drechselfutters einstellt. Es ist zwar die beste Wahl für dieses Projekt, aber es ist nicht absolut notwendig. Sie können einen Kreisel auch „zwischen Spitzen“ drehen, aber weil die meisten Teile schmal sind, kann es schwierig werden, sauber zu schneiden und kleine Formen zu treffen, wenn das Holz auf beiden Seiten eingeklemmt ist. Wenn Sie einen solchen Kreisel ausprobieren möchten, können Sie den Meißel verwenden, um am Ende den Kreisel vom Rohling zu trennen.

## geübte Fertigkeiten

- Zentrieren mit der Schrupppröhre,
- Bögen mit der Spindelröhre,
- Schälschnitte mit dem Flachmeißel,
- Hobelschnitte mit dem Flachmeißel,
- V-Schnitte mit dem Flachmeißel,
- Abtrennen eines Werkstückes von der Drehmaschine mit dem Flachmeißel.

## Werkzeuge und Materialien

- Schrupppröhre,
- Spindelröhre (ca. 9,5 mm),
- Abstecher (vorzugsweise rautenförmig),
- Flachmeißel,
- 4-Backen-Drechselfutter,
- Laubholzrohling etwa aus Kirsche, Ahorn, Walnuss, Esche oder Eiche (ca. 8 x 8 x 13 cm),
- Veredelung, beispielsweise Holzwachs oder Danish Oil,
- Schleifpapier (Körnungen 80, 120, 150, 180 und 240).

**1. Wählen Sie Holz mit gerader Maserung.** Quadratisch gesägte Stücke können gleich ins Drechselfutter gespannt werden. Bei anderen müssen Sie zuerst einen Zapfen am Rohling formen (siehe ab Schritt 2). Denken Sie daran, dass selbst ein kleiner Winkel oder leichte Wellen im Faserverlauf die Qualität der Schnitte beeinflussen. Das Stück oben rechts wäre akzeptabel, aber bereits schwierig mit dem Meißel zu bearbeiten.

**2. Spannen Sie den Rohling auf.** Formen Sie aus dem Rohling mit der Schrupppröhre eine Walze. Sie muss nicht perfekt sein, denn Sie wird beim Einspannen ins Drechselfutter nochmals bearbeitet. Senken Sie die Schrupppröhre von oben langsam auf das Holz, bis die Fase zu schneiden beginnt. Achten Sie darauf, nicht nur Brösel vom Holz abzutragen, sondern ganze Späne oder Kringel.

**3. Beginnen Sie mit dem Zapfen.** An einem Ende formen Sie mit Abstecher oder Meißel einen Zapfen. Zuerst müssen Sie die Grenzen des Futters kennen – es kann sich nur bis zu gewissen Graden öffnen und zusammenziehen. Schauen Sie im Handbuch nach oder benutzen Sie den Schlüssel und probieren Sie es aus. Schreiben Sie sich die Maße auf, damit Sie sie nicht vergessen können. Weiters müssen Sie die Höhe der Backen wissen. Schieben Sie dazu ein Maßband oder ein Lineal bis zum Anschlag in das Futter und messen Sie bis zur Oberkante. Normalerweise sind Backen ca. 13 mm hoch und halten Stücke von 4,5 bis 7 cm Durchmesser.

**4. Verschmälern Sie das Stück.** Stechen Sie ein Ende des Rohlings mit dem Abstecher in einem oder zwei Durchgängen plan. Der Stiel, der Ihr Werkstück hält, sollte 25 mm breit oder schmaler sein. An welchem Ende Sie dies tun, spielt keine Rolle, aber auf der Seite des Körnerfutters ist es sinnvoller, weil der Kontaktpunkt dort kleiner ist.

**5. Ziehen Sie eine Linie um den Rohling.** Wenn das Ende plan ist, suchen Sie von der so geschaffenen glatten Oberfläche aus einen Punkt, der knapp unter der Höhe der Backen liegt. Wenn die Backen 13 mm hoch sind, messen Sie ca. 9,5 mm ab. Markieren Sie den Punkt, dann halten Sie den Bleistift am Holz und drehen es mit der Hand, um eine Linie zu ziehen.

**6. Formen Sie den Zapfen.** Beginnen Sie mit dem Schneiden, indem Sie den Abstecher von oben auf das Holz herabsenken, bis er greift. Verschmälern Sie das äußere Ende der Walze, damit es ins Drechselfutter hineinpasst. Nach diesem Stich setzen Sie den nächsten daneben und dann noch einen, bis Sie Ihre Bleistiftlinie erreicht haben. Messen Sie mit Schiebelehre oder Lineal nach, ob Ihr Werkstück sicher in das Futter passen wird.

## Gleiche Arbeitsweise, anderes Ergebnis

Formen Sie grob einen Pilz.

Verfeinern Sie den Hut.

Nach Belieben veredeln und bemalen.

Sie können die gleichen Arbeitsschritte wie beim Kreisel verwenden, um etliche andere Figuren zu gestalten. Zu meinen Lieblingen gehört dieser gedrechselte Pilz. Als ich klein war, ließ mich meine Mutter in der Küche helfen und mit einem Holzpilz wie diesem Knoblauch zerkleinern, damit er leichter geschält und ausgepresst werden konnte. Für einen solchen Pilz brauchen Sie einen Laubholzrohling von ca. 8 x 8 x 13 cm. Die Arbeitsschritte sind fast identisch. Nach dem groben Formen verfeinern Sie den Hut des Pilzes mit dem Flachmeißel. Der Stiel sollte länger ausfallen und zum Ende hin breiter werden – breiter als die durchschnittliche Knoblauchzehe. Sie können den Pilzhut auch mit Kaseinfarbe anmalen und ihm mit der Spindelröhre Struktur verleihen.

**7. Einsetzen des Rohlings ins Drechselfutter.** Nehmen Sie das Holz von der Drechselmaschine und zücken Sie Ihr Drechselfutter. Schieben Sie das Werkstück mit dem Zapfen ins Futter hinein und spannen Sie es mit dem Schlüssel fest. Der kleine Stiel, mit dem es an der Körnerspitze saß, sollte eigentlich kein Hindernis darstellen; notfalls sägen Sie ihn einfach ab. Das Ziel ist ein sicherer Halt, und der Übergang von Zapfen zu Kreisel sollte auf die Oberkante der Backen treffen. So bleibt das Stück auch im Drechselfutter zentriert. Wenn der Zapfen zu lang ist, treffen die Backen nur die Schrägung und das Stück kann sich beim Festziehen verkanten.

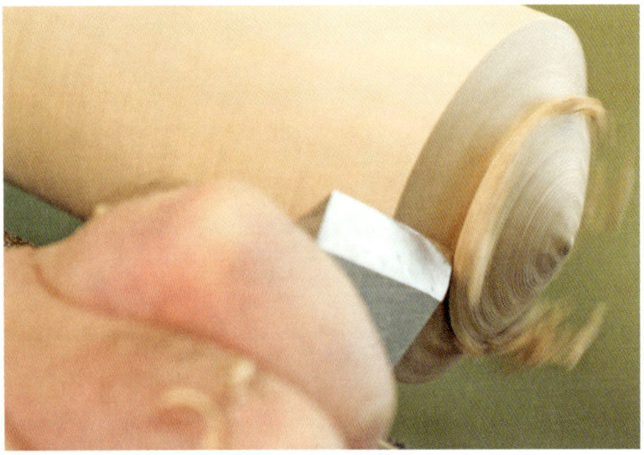

**9. Die untere Spitze mit dem Meißel verfeinern.** Sehen Sie sich das soeben geschnittene Ende ganz genau an. Die Spindelröhre hinterlässt normalerweise einige Ausrisse. Sachtes Schneiden kann hilfreich sein, aber mit dem Flachmeißel bekommen Sie einen saubereren Schnitt. Halten Sie ihn mit der Spitze nach unten, sodass diese gerade eben so Kontakt mit dem Holz hat. Wenn Sie das Werkzeug jetzt minimal nach links drehen, läuft die Fase gegen die Holzoberfläche und verschafft besseren Halt. Sie müssen jetzt sehr behutsam und am besten in mehreren Durchgängen schneiden. Die Meißelspitze wird zum Pfeil, den Sie auf das Ziel zuschieben.

**8. Erste Schnitte setzen.** Wenn das Drechselfutter an der Drechselmaschine befestigt ist, sollte sich das Werkstück ohne seitliches Taumeln drehen lassen. Sie können den Reitstock als zusätzliche Stütze verwenden, aber das ist nicht zwingend notwendig. Das dem Futter gegenüberliegende Ende wird die untere Spitze des Kreisels werden, auf der er sich dreht. Diese muss zuerst geformt werden. Wenn Sie auf der anderen Seite anfangen, wird nicht mehr genug Material als Halt zurückbleiben, und der Kreisel kann ins Wackeln kommen oder abbrechen. Setzen Sie diesen ersten Schnitt mit der Spindelröhre. Halten Sie das Werkzeug flach auf der Werkzeugauflage, dann drehen Sie es nach rechts und ziehen den Griff leicht nach links. Geschnitten wird nicht mit der eigentlichen Spitze, sondern mit dem Teil unmittelbar rechts von dieser. Dahinter liegt die Fase auf dem Holz aufgestützt. Schneiden Sie sachte und relativ nah am Ende des Werkstückes. Der Schnitt endet im Leeren. Sie vollführen also (noch) keinen durchgehenden Schnitt von außen bis zur Mitte. Diese erreichen Sie mit mehreren aufeinanderfolgenden Schnitten, die eine schräge Oberfläche schaffen, welche immer länger wird und schließlich die Mitte erreicht.

**10. Rohling schlichten, sodass er zentriert ist und rund läuft.** Nehmen Sie dafür die Schrupppröhre oder, noch besser, den Meißel für ein schönes Ergebnis. Wenn die Maserung wirklich gerade ist, können Sie einen Hobelschnitt wagen, ohne sich um Ausrisse sorgen zu müssen. Es hilft aber immer, ein wenig nach unten durch die Maserung zu stechen. Ich empfehle als Hilfestellung, die Walze in eine Richtung anzuschrägen. Es ist einfacher, wenn die Fase zu Beginn des Hobelschnittes eine stützende Auflage hat, also arbeiten Sie von links nach rechts. Die Meißelspitze bleibt oberhalb des Werkstückes, während das mittlere Drittel der Fase schneidet. Der Griff wird ein wenig nach links gezogen.

**12. Von der Außenkante Richtung Stiel in den neu geschaffenen Raum schneiden.** Halten Sie die Spindelröhre nun anders herum, mit dem Griff nach rechts verschoben und gegen den Uhrzeigersinn gedreht, sodass die Fase links von der Spitze schneidet. Sie werden auch diese Schrägung wieder in mehreren Durchgängen schaffen, die anfangs oberhalb des Stieles in der Luft enden, ehe Sie zwischen Außenkante und Stielansatz durchlaufen. Vorsicht in der Nähe des Stieles: Wenn Sie einfach durchdrücken, kann die gesamte Schneidfase fassen und Sie stecken mittendrin.

**11. Die Kante vom Außenrand zum Stiel schaffen.** Als erstes müssen wir Material vom Stiel entfernen, damit wir einen Einschnitt erhalten, auf den hin wir mit dem Werkzeug schneiden können. Verjüngen Sie den Stiel auf ca. das Doppelte des letztendlichen Durchmessers. So lässt sich wirkungsvoll schneiden, ohne dass alles zu wackeln beginnt. (Das Wackeln, wenn Sie ein kleines Stück tiefer stechen, kann allerdings auch für eine etwas geschuppte Oberfläche sorgen, ein netter optischer Effekt.) Benutzen Sie zum Verschmälern des Stieles den Abstecher. Stechen Sie sich allmählich vor, einen Stich neben den anderen, damit das Holz nicht am Werkzeug hängen bleibt. Hier können Sie auch gut einen Plattenstahl verwenden, wenn Sie einen haben, oder auch einen Meißel im Schälschnitt. Lassen Sie mindestens 13 mm Material stehen, um einen Übergang vom Außenrand zum Stiel zu schaffen.

**13. Mit dem Meißel nachsetzen und verfeinern.** Spitze nach unten richten und den Griff nur wenig im Uhrzeigersinn drehen. Beim Stechen hören Sie vielleicht ein leises Brummen: Das ist der vibrierende Kreiselkörper. So entsteht der schuppige Effekt. Wenn Sie nichts hören, können Sie den Stiel langsam verschmälern. Natürlich besteht die Gefahr, ihn dabei komplett abzustechen, also wollen Sie dies vielleicht später versuchen.

**14. Stechen Sie eine Furche.** Setzen Sie dort, wo die plane Fläche des Kreiselkörpers auf den Stiel trifft, einen kleinen V-Schnitt mit dem Flachmeißel.

**15. Verfeinern Sie den Stiel.** Nutzen Sie den Abstecher, um dem Stiel seine (fast) endgültige Gestalt zu verleihen. Dann mit dem Flachmeißel einen Schälschnitt hin zum geringeren Durchmesser setzen, um eine Wölbung oberhalb des Kreiselkörpers zu schaffen.

**16. Bringen Sie den Stiel mit dem Abstecher auf seinen endgültigen Durchmesser.** Wie bei den anderen Schnitten ist es besser, sich abwärts durch die Fasern zu bewegen, deshalb kann eine leichte Schrägung des Stieles hilfreich sein. Dann können Sie auch den Abstecher wie einen Meißel führen, um einen Hobelschnitt zu setzen: Halten Sie das Werkzeug mit dem Heft leicht seitlich angewinkelt, während die Fase minimal in Richtung des Zieles gedreht ist. Auf diese Weise bekommt nur die Mitte der Schneidfase Kontakt und schneidet hobelnd.

**17. Schleifen, wenn nötig.** Nehmen Sie die Werkzeugauflage heraus, beginnen Sie mit 80er-Schleifpapier und arbeiten Sie sich bis 220 oder 240 durch.

**18. Den Kreisel vom Drechselfutter trennen.** Hierfür gibt es zwei Möglichkeiten. Für ein saubereres Aussehen können Sie mit dem Meißel einen V-Schnitt setzen. Die Spitze zeigt nach unten und wird gerade eingestochen. Dann arbeiten Sie von beiden Seiten her mit dem Meißel im Hobelschnitt in diesen Stich hinein, sodass die Furche immer größer wird und schließlich fast kein Holz mehr übrig ist, das den Kreisel hält. Wenn Sie Erfahrung haben, können Sie den Meißel in der einen Hand halten und mit der anderen den Kreisel auffangen, oder Sie lassen diesen einfach ins Bankbett fallen. Einsteiger wollen vielleicht lieber einen Stich mit dem Abstecher setzen, dann das Werkstück von der Drechselbank nehmen und den Kreisel mit der Handsäge abtrennen. Sägen Sie niemals in etwas hinein, das noch aufgespannt ist. Die Säge wird zwangsläufig auf das Bankbett schlagen und dabei Schaden nehmen!

**19. Veredeln.** Bei kleinen Figuren halte ich es lieber einfach. Statt mir den Gestank von Polyurethanen oder Firnis anzutun, nehme ich lebensmittelechtes Hartwachsöl. Das ist besonders zu empfehlen, wenn Sie Haustiere oder Verwandte mit schlechten Manieren haben, die das Spielzeug entdecken und anknabbern könnten!

# Selbst gemachte Griffe

Bastel-Kits, die es erlauben, Eisportionierer, Pizzaschneider und andere Utensilien mit selbst hergestellten Griffen zu versehen, sind bei Drechseleinsteigern sehr beliebt. Die Metallteile können Sie auch aus anderen Quellen beziehen; sie werden in die gedrechselten Griffe eingeklebt. Das sieht gut aus und bietet Möglichkeiten zur Gestaltung. Nachteil ist, dass die Metallteile ein wenig kostspielig sind. Deshalb sollten Sie erst einmal an Honighebern und Nudelhölzern üben. Sie sollten Erfahrung sammeln, bevor Sie sich an diesem Projekt versuchen, denn auch wenn Sie alles verschenken können, was Ihnen selbst nicht gefällt – Ihre Lieben brauchen nicht mehr als einen oder zwei Eisportionierer!

Mit diesem Projekt probieren wir das Jacobs-Bohrfutter aus. Dieses ist ein nützliches Hilfsmittel für viele verschiedene Geräte; Sie sollten auf jeden Fall eines anschaffen, wenn Ihr Drechselwerkzeug anwächst. Es ist nicht unabdingbar, aber stellt sicher, dass das Loch, das das Metallteil aufnimmt, gerade durch den Griff läuft. Wenn Sie kein Jacobs-Bohrfutter haben, verwenden Sie eine Standbohrmaschine mit Anschlag oder einen Handbohrer. Dann brauchen Sie kein 4-Backen-Drechselfutter, sondern spannen den Rohling normal auf.

## geübte Fertigkeiten

- Präzisionsschnitte mit dem Abstecher,
- Bögen mit der Spindelröhre,
- Schälschnitte mit dem Flachmeißel,
- Hobelschnitte mit dem Flachmeißel,
- V-Schnitte mit dem Flachmeißel,
- Bögen mit dem Rundschaber,
- Löcherbohren mit dem Jacobs-Bohrfutter.

## Werkzeuge und Materialien

- Schruppröhre,
- Spindelröhre (ca. 9,5 mm),
- Abstecher (vorzugsweise rautenförmig),
- Flachmeißel,
- Rundschaber,
- Bastel-Kit (egal welches; ich habe eines für einen Eisportionierer und eines für einen Pizzaschneider verwendet),
- Laubholzrohling (ca. 4 x 4 x 18 cm),
- Schleifpapier (Körnungen 80, 120, 150, 180, 240),
- langsam härtendes Epoxidharz,
- Isopropylalkohol,
- Wattestäbchen,
- Veredelung, beispielsweise Hartwachs.

**1. Das Holz vorbereiten.** Wählen Sie ein Stück, das in Ihr 4-Backen-Drechselfutter passt. Die Maße 4 x 4 x 18 cm sind gut geeignet. Markieren Sie an einem Ende das Zentrum mit einem Kreuz und befestigen Sie das Holz im Drechselfutter. Führen Sie die Körnerspitze an Ihre Markierung, um die Ausrichtung zu prüfen, und ziehen Sie sie fest. Platzieren Sie die Werkzeugauflage parallel zur gesamten Länge des Rohlings, Abstand ca. 13 mm.

**2. Mit dem Abstecher das dem Drechselfutter zugewandte Ende plan stechen.** Lassen Sie etwas Platz zwischen dem Futter und Ihrem ersten Stich, ca. 13 mm. Senken Sie den Abstecher von oben in das Werkstück hinein. Stechen Sie von den flachen Oberflächen des Holzes hinunter auf ca. 3,8 cm Durchmesser. Zwei Stiche nebeneinander verhindern ein Einklemmen.

**3. Den Rohling mit der Schruppröhre zur Walze formen.** Drehen Sie die Röhre nach links, sodass die Kante des Werkzeuges in den soeben mit dem Abstecher gesetzten Einstich fallen kann. Führen Sie die Röhre hin und her. Halten Sie beim Schruppen den Griff im rechten Winkel zu Bankbett und Werkzeugauflage.

**4. Mit dem Flachmeißel das andere Ende plan stechen.** Stechen Sie mit der Meißelspitze nach unten gerade in das Reitstockende des sich drehenden Rohlings. Stechen Sie möglichst tief, aber treffen Sie nicht die Körnerspitze! Legen Sie ein Lineal über die Oberfläche, um sicherzugehen, dass sie plan ist.

**5. Bohren Sie eine Vertiefung für das Metallteil.** Fahren Sie den Reitstock vom Werkstück zurück und tauschen Sie die Körnerspitze gegen ein Jacobs-Bohrfutter. Spannen Sie den passenden Bohrer ein und markieren Sie die benötigte Tiefe mit einem Stück Klebeband.

**6. Bohren Sie in den Rohling.** Lassen Sie die Drechselmaschine langsam drehen (ca. 500 U/min.) und nähern Sie den Reitstock an das Holz an, bis Kontakt besteht. Dann arretieren Sie ihn. Benutzen Sie nun das Handrad, um den Bohrer in den Rohling zu schieben. Bohren Sie mehrmals ein Stück weit hinein, dann ziehen Sie ihn zurück, um das Holzmehl zu entfernen.

**7. Das Bohrfutter abnehmen und wieder durch die Körnerspitze ersetzen.** Setzen Sie die Körnerspitze an dem Loch an, das Sie gerade gebohrt haben, und fahren Sie sie hinein, um Druck aufzubauen und den Rohling sicher aufzuspannen.

**8. Formen Sie einen Zapfen für die Stockzwinge.** Nicht in jedem Bastel-Kit gibt es diesen Metallkragen für die Einsteckstelle. Wenn Sie sich einer solchen gegenübersehen, messen Sie Länge und Breite ab. Markieren Sie mit dem Bleistift, wo das hintere Ende der Zwinge sitzen wird. Dann entfernen Sie mit dem Abstecher genau so viel Material, dass sie auf den verbleibenden Zapfen passt. Sie können den Reitstock zurückfahren, um zu prüfen, aber keine Gewalt! Die Zwinge kann leicht stecken bleiben!

**9. Stellen Sie die Grundform mit der Schrupprohre her.** Entfernen Sie Material, wo der Griff schmaler sein soll. Lassen Sie es dort stehen, wo Sie z. B. eine Wulst hinzufügen wollen. Ein kegelförmiger Griff wäre sinnvoll, oder einer mit einer dickeren Mitte. Die angenehmsten Griffe lassen sich gerade eben umfassen, sodass die Finger leicht die Handfläche berühren.

**10. Ergänzen Sie mit dem Flachmeißel eine Wulst.** Wählen Sie einen Bereich, wo diese nicht unangenehm in der Hand liegen wird. Stechen Sie auf beiden Seiten der geplanten Wulst ein und schaffen Sie zwei V-Schnitte.

**11. Schaffen Sie eine Lippe.** Schneiden Sie mit der Kante von der Mitte der Wulst in den V-Schnitt hinein. Drehen Sie dabei langsam das Werkzeug aufwärts in Richtung Ihres Schnittes.

**12. Auf der anderen Seite in die andere Richtung wiederholen, um die Wulst zu vollenden.** Eventuelle Holzfetzen im Einschnitt mit der Meißelspitze entfernen.

**13. Formen Sie den Griff zu Ende aus.** Benutzen Sie die Spindelröhre, um nach Belieben Einbuchtungen zu formen, indem Sie aus beiden Richtungen zum Tiefpunkt hin schneiden. Verfeinern und säubern Sie die Form mit dem Rundschaber oder durch Hobelschnitte mit dem Meißel.

**14. Den Griff schleifen.** Fangen Sie mit 80er-Schleifpapier an und arbeiten Sie sich bis 220 durch.

**15. Brennen Sie optional einen dekorativen Ring ein.** Halten Sie den Meißel mit der Spitze nach unten und drücken Sie ihn gerade in das Holz, um zwei Stiche mit leichtem Abstand zu setzen. Drücken Sie dann von oben den Brenndraht in das sich drehende Werkstück, bis sich die Stiche schwarz färben.

**16. Verfeinern Sie den Ring.** Wenn Sie mit einem Ring (Schritt 15) abschließen möchten, verschmälern Sie diesen mit dem Abstecher auf maximal 13 mm.

**17. Schaffen Sie eine Schrägung oder einen Bogen.** Benutzen Sie den Meißel, um eine flache Schrägung oder einen sanften Bogen vom dickeren Teil des Griffes zum Anfang des Ringes zu formen.

**18. Nehmen Sie den Griff von der Drechselmaschine.** Entfernen Sie das überschüssige Material mit der Handsäge vom Ende. Schleifen Sie das Ende händisch ab.

**19. Veredeln Sie den Griff.** Der ideale Lack sollte beständig sein und mehrere Spülgänge aushalten. Er muss nicht lebensmittelecht sein, aber Hartwachsöl ist sowohl beständig als auch lebensmittelecht. Veredeln Sie vor dem Einkleben, damit danebengehendes Epoxidharz nicht den Griff verschmutzen und die Veredelung behindern kann.

**20. Mischen Sie das Epoxidharz.** Mit einer langsam härtenden Sorte müssen Sie sich nicht beeilen. Artikelbeschreibungen können täuschen. Lesen Sie die Gebrauchsanleitung, um die Aushärtzeit herauszufinden. Tragen Sie Harz und Härter zu gleichen Teilen auf ein Stück Holz oder Pappe auf und vermischen Sie sie gründlich.

**21. Epoxidharz auftragen.** Den Kleber in das Loch zu geben, sorgt dafür, dass der Überschuss tiefer hineingeschoben wird, aber ich trage auch immer ein wenig auf das Metall auf. Eine eventuelle Stockzwinge zuerst festkleben. Drücken Sie dann das Metallteil in sein Loch. Richten Sie gegebenenfalls die Oberseite an Ihren Griffverzierungen aus.

**22. Überschuss entfernen.** Benutzen Sie 91%igen Isopropylalkohol und ein Wattestäbchen oder Papiertuch und wischen Sie ausgetretenes Epoxidharz weg. Lassen Sie den Kleber vollständig aushärten, bevor Sie Ihr Küchenutensil ausprobieren!

## Verwendung eines Gewindeeinsatzes

Einige Bastel-Kits enthalten einen Gewindeeinsatz. Dieser trägt außen und innen ein Gewinde und kann in eine gebohrte Aussparung im Holz eingeschraubt werden. Dann wird das Metallteil in den Einsatz geschraubt. Diese Bauweise erlaubt es, das Metallteil zur Reinigung herauszunehmen.

Wenn Sie das Loch für die Aussparung bohren, sollte dieses etwas schmaler sein als das grobe Außengewinde des Einsatzes. Bohren Sie die Aussparung auf Länge und drehen Sie den Einsatz mit einem Schraubendreher hinein. Er sollte bündig mit dem Griff abschließen oder minimal unterhalb der Holzoberfläche enden, um sicher zu halten. Solche Einsätze bekommen Sie auch im Eisenwarenladen; sie sind für viele Zwecke hilfreich, etwa für frei drehende Griffe an Nudelhölzern.

Sie können auch etwas Epoxidharz auf den Gewindeeinsatz geben, wenn Sie wollen. Nicht zu viel! Und setzen Sie beim Aushärten nicht das Metallteil ein, sonst kleben Sie dieses mit fest!

# Salz- und Pfefferstreuer

Es macht besondere Freude, etwas zu verwenden, das Sie selbst gefertigt haben, und diese Salz- und Pfefferstreuer können Sie jeden Tag verwenden! Für dieses Projekt eignet sich so gut wie jedes Holz, das die erforderlichen Mindestmaße hat, aber der Rohling muss zum Drehen „zwischen Spitzen" geeignet sein, mit einem Faserverlauf parallel zum Bankbett. Ich habe mich hier für einen laminierten Rohling aus geriegeltem Ahorn und Schwarznuss entschieden, um Ihnen zu zeigen, was aus diesen zusammengeklebten Stücken werden kann. Sie können auch ein helles Holz für den einen und ein dunkles Holz für den anderen Streuer verwenden, um Salz und Pfeffer leicht auseinanderhalten zu können.

## geübte Fertigkeiten

- Zentrieren mit der Schrupppröhre,
- Wülste und Einbuchtungen mit der Spindelröhre,
- Schälschnitte mit dem Flachmeißel,
- V-Schnitte mit dem Flachmeißel,
- Löcherbohren mit dem Jacobs-Bohrfutter.

## Werkzeuge und Materialien

- Schrupppröhre,
- Spindelröhre (ca. 9,5 mm),
- Abstecher,
- Flachmeißel (ca. 19 mm),
- Jacobs-Bohrfutter,
- Forstnerbohrer (35 mm),
- Forstnerbohrer (19 mm),
- Bohrer für den Pfefferstreuer (3,2 mm),
- Bohrer für den Salzstreuer (1,6 mm),
- zwei Laubholzrohlinge (ca. 6,5 x 6,5 x 13 cm),
- Schleifpapier (Körnungen 80, 120, 150, 180, 220),
- Veredelung, beispielsweise auf Tungölbasis,
- Korkstöpsel (Oberdurchmesser 22 mm).

**1. Holz vorbereiten.** Setzen Sie einen quadratischen Rohling direkt ins 4-Backen-Drechselfutter ein. Wenn er einigermaßen rund läuft, ziehen Sie ihn mit dem Schlüssel fest. Ein unregelmäßig geformter Rohling kann „zwischen Spitzen" gedreht werden, um einen Zapfen für das Futter zu formen.

**2. Stechen Sie eine Furche.** Stechen Sie mit dem Abstecher ca. 6,4 mm vom Drechselfutter entfernt ein. Wenden Sie nur wenig Kraft auf, wenn Sie die Schneidfase in den Rohling hineindrücken. Mit diesem Stich kann die Schrupprőhre bis dicht an das Drechselfutter schneiden.

## Kombinieren Sie Ihre Fertigkeiten mit laminierten Rohlingen!

Für dieses Projekt habe ich Stücke von Schwarznuss und Riegelahorn verleimt, wie auf Seite 17 beschrieben. Die Stücke sind versetzt und unterschiedlich breit, sodass der Salzstreuer mehr Weiß und der Pfefferstreuer mehr Schwarz enthält, wodurch man sie leichter auseinanderhalten kann. Ich habe vor dem Sägen mit der Bandsäge auf dem Rohling um 7° versetzt angezeichnet, um durch diagonale Streifen zusätzliche optische Wirkung zu erzeugen.

**3. Schruppen Sie den Rohling zu einer Walze.** Benutzen Sie die Schrupppröhre und das „ABC des Drechselns". Senken Sie das Werkzeug von oben auf das Holz hinab, bis die Fase das Holz berührt und es abzuschälen beginnt. Drehen Sie die Schrupppröhre nach links, damit die Kante in die eben gestochene Furche rutschen kann.

**4. Schaffen Sie eine konkave Oberfläche.** Setzen Sie mit dem Flachmeißel einen Schälschnitt am Ende des Rohlings. Stechen Sie vorsichtig ein, mit der Spitze leicht hin zur Körnerspitze gedreht. Das Ziel ist, am Ende des Rohlings eine plane oder leicht konkave Oberfläche zu schaffen.

**5. Wechseln Sie zum Jacobs-Bohrfutter.** Drehen Sie das Handrad am Reitstock zurück und tauschen Sie die Körnerspitze gegen das Bohrfutter. Setzen Sie in dieses den 35-mm-Forstnerbohrer ein und ziehen Sie ihn mit dem Schlüssel fest. Markieren Sie 19 mm hinter der Vorderkante des Bohrers mit einem Stück Klebeband.

## Kein Jacobs-Bohrfutter? Kein Problem!

Sie können die Löcher auch auf andere Weise bohren. Die beste Alternative ist eine Standbohrmaschine. Fixieren Sie den Rohling an einem Anschlag oder einem Holzklotz im rechten Winkel zum Sägetisch. Gleichen Sie das Loch zum Einsetzen der Körnerspitze mit Ihrem Forstnerbohrer ab und bohren Sie Ihre Löcher. Sie können auch eine Handbohrmaschine verwenden, aber das ist schwieriger. Sichern Sie den Rohling in einem Schraubstock und bohren Sie mithilfe Ihres Körpergewichtes von oben hinein. Das hilft auch dabei, gerade zu bohren. Minimales Wandern des Bohrers stellt kein großes Problem dar.

**6. In den Rohling bohren.** Stellen Sie die Drechselmaschine für den Anfang auf eine niedrige Drehzahl ein. Bei Forstnerbohrern gilt: je langsamer, desto besser, besonders im Hirnholz. Sie laufen schnell heiß, und die Hitze zerstört ihre Schneiden. Schieben Sie den Bohrer bis zum Klebeband ins Holz, dann herausziehen. Wenn Ihr Werkstück qualmt oder brennt, sollten Sie ihm Ruhe gönnen.

**7. Bohren mit dem kleinen Forstnerbohrer.** Tauschen Sie den Bohrer gegen den 19-mm-Forstnerbohrer. Meiner war länger als die gewünschte Tiefe von 76 mm, also habe ich ihn nur so weit aus den Backen herausschauen lassen – die Backen werden so zur Zielmarkierung. Schieben Sie den Bohrer bei niedriger Drehzahl bis zum Ende ins Holz. Fangen Sie stets mit dem großen Bohrer an, sonst hat dieser keine Ausrichtung für seinen Dorn und beginnt zu wandern.

**8. Einsetzen der Körnerspitze.** Nehmen Sie das Jacobs-Bohrfutter aus dem Reitstock und setzen Sie wieder die Körnerspitze ein. Eine große, kegelförmige Körnerspitze sollte in das kleinere Loch passen und halten, während Sie das Äußere des Streuers gestalten.

**9. Formen anzeichnen.** Wenn Sie mehrere gleiche Stücke herstellen wollen, schreiben oder zeichnen Sie sich Ihre Formen auf. Eine Verjüngung in der Mitte lässt sich gut greifen. Eine Wulst am unteren Ende – oder zwei – sorgen für einen besseren Stand. Messen Sie von unten nach oben und markieren Sie, wo diese Merkmale und das obere Ende sitzen sollen.

**10.** **Nutzen Sie den Abstecher, um Ihre Formen auf die gewünschte Tiefe zu bringen.** Sie können erst einmal nach Augenmaß stechen und, wenn nötig, später nacharbeiten. Die Abstände sind wichtiger als die jeweiligen Durchmesser, denn Durchmesser können Sie erst nach dem Stechen messen. Denken Sie an Sicherheitsabstand zum Zentrum – da läuft eine Aussparung durch Ihren Rohling!

**11.** **Stellen Sie Ihre Schiebelehren ein (optional).** Stellen Sie für jeden Durchmesser eine eigene ein oder schreiben Sie die einzelnen Maße auf, wenn Sie nur eine Schiebelehre haben. Das machen Sie besser jetzt als nach dem Beginn des Gestaltens, wenn Sie mit den diversen Formen genug zu tun haben. Wenn Sie viele identische Streuer fertigen wollen, ist dies besonders nützlich.

**12.** **Mit der Spindelröhre das Formen beginnen.** Arbeiten Sie stets von groß nach klein, um die Fasern zu komprimieren. Um die Vertiefung in der Mitte zu schaffen, beginnen Sie von rechts. Das Werkzeug leicht auf ungefähr 1 Uhr drehen und ein wenig zum Spindelstock hin anwinkeln. Fangen Sie neben dem Stich an und entfernen Sie das Material in mehreren kurzen Durchgängen, jeder ein Stückchen weiter rechts.

**13.** **Mit der Spindelröhre von links zur Mitte schneiden.** Nun drehen Sie das Werkzeug in die andere Richtung, ungefähr auf 11 Uhr. Fangen Sie wieder neben dem mittleren Stich vom Abstecher an. Schneiden Sie einmal mit der Spitze hin zum Einstich, dann versetzen Sie die Spitze leicht nach links und schneiden erneut.

**14. Mit der Spindelröhre den Fuß formen.** Arbeiten Sie vom Boden auf den Ring zu, den Sie mit dem Abstecher gesetzt haben. Stoppen Sie neben dem Stich, um einen Tiefpunkt zu schaffen, in den Sie mit mehreren kurzen Schnitten hineinarbeiten können. Schneiden Sie nicht zu weit, sonst könnte die linke Fase ihres Werkzeuges fassen.

**15. Den Fuß weiter verfeinern.** Arbeiten Sie von groß nach klein, um eine Schrägung hin zum eben geschaffenen Tiefpunkt zu schneiden. Drehen Sie die Spindelröhre nach rechts und schneiden Sie mit dem Bereich rechts von der Spitze. Der Griff wird ein Stück nach links versetzt sein.

**16. Mit dem Flachmeißel oberhalb vom Fuß eine oder zwei Wülste schaffen.** Nun ist der Ring die Obergrenze. Drehen Sie die Spitze nach unten und drücken Sie sie gerade hinein, um einen V-Schnitt zu setzen. Dieser teilt den Ring in zwei Wülste.

**17. Die Wulst mit dem Meißel abrunden.** Für diesen grazilen Schnitt benutzen Sie die Spitze. Halten Sie das Werkzeug vertikal und drücken Sie die Spitze ins Ziel. Setzen Sie viele kleine Schnitte, um sich der gewünschten Form zu nähern.

**18. Auf die gleiche Weise die andere Wulst vollenden.** Sie können mit dem Abstecher links von der Wulst eine Vertiefung schaffen. So bekommen Sie mehr Raum für den Einsatz des Meißels.

**19. Eine leichte Schrägung vom Oberteil des Streuers zum oberen Ring formen.** Drehen Sie die Spindelröhre nach rechts, um mit der rechten Fase zu schneiden. Der Griff wird nach links gezogen.

**20. Oben mit dem Meißel eine Wulst setzen.** Versuchen Sie, die Wulst mit der kurzen Seite des Meißels abzurunden. Fangen Sie wie bei einem Hobelschnitt an. Die lange Spitze liegt über dem Rohling. Stellen Sie mit der Fase Kontakt her und drehen Sie sie nach rechts, um zu schneiden.

**21. Mit dem Abstecher das obere Ende des Streuers definieren.** Stechen Sie ca. 13 mm tief hinein. Setzen Sie zwei oder drei Stiche nebeneinander, um für den nächsten Schritt Luft für Ihre Werkzeuge zu schaffen.

**22. Die Oberkante des Streuers mit der Spindelröhre abrunden.** Drehen Sie das Werkzeug nach links und schieben Sie die Spitze in den Raum, den Sie mit dem Abstecher geschaffen haben. Arbeiten Sie in zwei oder drei Durchgängen die gewünschte Form heraus.

**23. Schleifen.** Beginnen Sie mit 80er-Schleifpapier und arbeiten Sie sich bis 240 durch. Wenn die Oberflächen frei von Fehlern sind, können Sie auch schon mit 150 anfangen. Die Wülste sollten besser ungeschliffen bleiben oder nur einen leichten 240er-Abrieb bekommen, um nicht verformt zu werden.

**24. Den Streuer von der Drechselbank trennen.** Sie können die Handsäge verwenden oder den Flachmeißel, wenn Sie dieses Manöver bereits geübt haben. Stechen Sie mit der Spitze nach unten eine Furche am Ende des Werkstückes. Erweitern Sie diese mit weiteren seitlichen Stichen. Wenn Sie fast durch sind, legen Sie Ihre Hand unter den Streuer, um ihn aufzufangen, während Sie die übrigen Fasern durchstechen.

**25. Die Oberseite des Streuers mit 240er-Schleifpapier glätten.** So werden restlos alle Unregelmäßigkeiten beseitigt.

**26. Löcher in die Streuer bohren.** Setzen Sie mit dem Bleistift Markierungen in einem Gittermuster. Schreiben Sie „S" oder „P" für Salz und Pfeffer auf die Streuer. Bohren Sie für Salz 1,5-mm- und für Pfeffer 3-mm-Löcher in die Oberseiten, direkt in die mit dem Forstnerbohrer gebohrten Aussparungen. Benutzen Sie für präzise Arbeit die Standbohrmaschine oder spannen Sie die Streuer in einen Schraubstock und bohren Sie von Hand.

**27. Veredeln.** Auf der Außenseite können Sie fast jeden Lack verwenden, da diese keinen Kontakt zum Inhalt hat. Ich habe hier nur schnell mit einem sauberen Tuch etwas Leinölfirnis aufgetragen.

**28. Den Inhalt einfüllen und die Streuer verschließen.** Passende Korken oder Gummistopfen finden Sie im Bastelladen. Halten Sie beim Befüllen die oberen Löcher mit der Hand zu, damit nicht alles gleich wieder herausrieselt!

# Grünholzschale

Schalen zu drehen ist der größte Spaß, den Sie mit Ihrer Drechselmaschine haben können. Nichts ist befriedigender, als große Kringel von einem Stück Grünholz fliegen zu lassen! Die Werkzeuge und Techniken zum Drechseln einer Schale unterscheiden sich sehr von denen zum Drehen „zwischen Spitzen", weil die Maserung im Werkstück anders ausgerichtet ist. Die üblichen Werkzeuge sind dafür nicht ausgelegt, deshalb verwenden wir ausschließlich Schalenröhren.

Sie können getrocknetes Schnittholz verwenden, aber ich beschreibe die Bearbeitung eines frisch vom Klotz geschnittenen Holzstückes. Meine Schalen werden nur aus Grünholz gedrechselt und auf der Drechselbank auf die gewünschte Stärke gebracht, sind also Schalen „in einem Durchgang". Einige Drechsler drehen die Schale frisch und lassen sie vor abschließenden Schnitten trocknen. Solch eine Schale „in zwei Durchgängen" finden Sie auf Seite 48.

Andere Drechsler werden unter anderen Umständen anders vorgehen und andere Schnitte setzen. Das Ziel dieses Projektes ist, Ihnen einen allgemeingültigen Weg zu einer schönen Schale zu zeigen. Wenn Sie ein paar davon gedrechselt haben, können Sie es wagen, etwas zu experimentieren. Diese Beschreibungen werden Ihnen eine gute Grundlage dafür verschaffen.

## geübte Fertigkeiten

- Schiebeschnitte mit der Schalenröhre,
- Schabeschnitte mit der Schalenröhre,
- Scherschnitte mit der Schalenröhre,
- Aushöhlen mit der Schalenröhre,
- abschließende Innenschnitte mit der Schalenröhre.

## Werkzeuge und Materialien

- Schalenröhre (6 mm),
- Schalenröhre (13 oder 16 mm),
- 4-Backen-Drechselfutter,
- Spanndorn oder Spannfutter,
- Laubholzrohling (ca. 8 x 18 cm),
- Schleifpapier (Körnungen 80, 120, 180, 240, 320, 400 und 600),
- weicher Schaumstoff (etwa Polyurethan-Möbelschaumstoff),
- lebensmittelechter Lack, beispielsweise Leinölfirnis.

**1. Rohling an der Planscheibe befestigen.** Legen Sie die Scheibe mittig auf und prüfen Sie mit dem Maßband, ob die Entfernung zwischen Holz- und Plattenrand an mehreren Stellen gleich ist. Drehen Sie in jedes vorhandene Loch eine selbstschneidende Terrassenschraube. Für kleinere Schalen genügt eine „Holzwurm"-Schraube, um das Holz am Drechselfutter zu befestigen.

**2. Schrauben Sie die Planscheibe an die Drechselmaschine.** Es ist für den Anfang meist am einfachsten, den Rohling festzuhalten und das Handrad am Spindelstock zu drehen. Schieben Sie den Reitstock an die Unterseite des Rohlings. Schieben Sie mit dem Reitstockhandrad die Körnerspitze in das Holz.

**3. Platzieren Sie die Werkzeugauflage am Rohling.** Am unteren Rand des Rohlings muss mehr Material entfernt werden als sonst irgendwo. Dort müssen Sie am meisten schneiden, um das runde Profil zu schaffen. Setzen Sie die Werkzeugauflage für den Anfang nah an diesen Rand, in einem Winkel von 45° zum Bankbett.

**4. Drehen Sie das Holz zur Probe, bevor Sie die Maschine einschalten.** Bei den sehr schweren, oft unregelmäßig geformten Rohlingen für Schalen ist dies besonders wichtig. Stellen Sie die Drehmaschine auf ungefähr 500 bis 600 U/min. ein, bei starken Vibrationen noch langsamer.

**5. Beginnen Sie einen Schiebeschnitt mit der großen Schalenröhre.** Der Griff wird waagerecht gehalten. Drehen Sie das Werkzeug so, dass die rechte Kante ungefähr auf 1 oder 2 Uhr zeigt. Diese Drehung bleibt immer gleich, nur die Ausrichtung des Werkzeuges bestimmt darüber, wie viel Material Sie abtragen und von wo.

**6. Führen Sie die Röhre langsam an die Holzkante heran.** Die ersten Schnitte werden etwas holprig sein, weil Sie keinen ununterbrochenen Kontakt mit dem Holz haben werden. Sie können die Röhre über die Werkzeugauflage führen. Legen Sie Ihre nicht dominante Hand über die Oberseite des Werkzeuges und lassen Sie den unteren Handballen entlang der Auflage gleiten, sodass die hervorstehende Länge beim Schneiden gleich bleibt.

**7. Setzen Sie jeden neuen Schnitt näher an die Körnerspitze heran.** Das Ziel ist, durchgehend 6,5 mm zu entfernen, wobei jeder Schnitt am Boden ansetzen und sich die Außenwand hinaufarbeiten sollte. Ein Schnitt vom Boden schräg hinauf zum oberen Rand ist einfacher als parallel zur Drehrichtung zu schneiden – mit anderen Worten: ein Schnitt, der eine rotierende Scheibe schaffen würde. Diese Schnitte fassen ins Hirnholz, sorgen für Ausrisse und erfordern sehr viel Kraft.

**8. Formen Sie den Übergang zwischen Boden und Wand.** Achten Sie beim Schneiden darauf, wie Sie die Spitze und den Griff bewegen. Beim groben Bearbeiten des Schalenbodens bewegen sie sich gemeinsam, um eine plane Fläche zu schaffen. Wenn Sie den Boden in die Wand übergehen lassen wollen, bewegen Sie den Griff nach links, sodass das Werkzeug eher quer über das Bankbett zeigt.

**9. Formen Sie einen Zapfen am Boden der Schale.** Wenn Sie den Zapfen früh herausarbeiten, können Sie die Schale um dieses notwendige Stück herum formen. Verwenden Sie die 6-mm-Schalenröhre, um über den Boden der Schale bis unmittelbar vor die Körnerspitze zu schneiden. Dieser Schnitt läuft wie die bisherigen, nur wird das Werkzeug diesmal in die andere Richtung gedreht, mit der rechten Kante auf ungefähr 5 Uhr. Wenn Sie sich die Fase unterhalb der Spitze als Pfeil vorstellen, dann sollte dieser im Winkel von 90° zum Bankbett stehen.

**10. Setzen Sie mehrere Schnitte, um einen flachen Boden zu schaffen.** Jeder Schnitt sollte unmittelbar vor der Körnerspitze enden, sodass sich um deren Kontaktpunkt am Schalenboden ein Stiel bildet. Halten Sie die Drechselmaschine an und messen Sie die flache Oberfläche ab. Sobald sie schmal genug ist, um in Ihr Drechselfutter zu passen, können Sie den Stiel verschmälern.

**11. Schneiden Sie die Grundfläche.** Bringen Sie die Grundfläche mit der 6-mm-Schalenröhre auf die gewünschte Breite. Stellen Sie die richtige Länge des Zapfens sicher, normalerweise knapp 13 mm. Versuchen Sie, dem Zapfen eine quadratische Form zu geben, die zum Futter passt. Sie wollen nicht, dass der Dorn trichterförmig wird, denn dann wird die Schale aus den Backen rutschen.

**12. Verfeinern Sie die Außenseite der Schale mit der großen Schalenröhre.** Setzen Sie sachtere Schnitte, je weiter Sie sich Ihrer gewünschten Form nähern. Kleinere Schnitte reißen weniger an der Maserung als größere, gröbere Schnitte. Die geschnittenen Oberflächen fallen feiner aus, wenn Sie die Drehgeschwindigkeit hochregeln und die Schalenröhre langsamer durch das Holz führen.

**13. Lassen Sie die Bögen mit Schabeschnitten ineinander übergehen.** Halten Sie den Griff waagerecht und richten Sie das Werkzeug auf den Reitstock. Drehen Sie es nach links, auf ungefähr 1 Uhr. Drücken Sie es leicht in die Schale hinein. Bei diesem Schnitt nutzen Sie das mittlere Drittel des Werkzeugflügels. Lassen Sie nicht die Spitze oder die Außenkante fassen. Versuchen Sie, die Röhre vor und zurück zu führen.

**14. Schärfen Sie Ihre Schalenröhre.** Damit die Außenseite wirklich sauber wird, brauchen Sie ein wirklich scharfes Werkzeug. Wechseln Sie an die Schleifmaschine und greifen Sie zur Schärfführung, um für eine frische Schneidfase zu sorgen.

**15. Verfeinern Sie die Außenseite der Schale mit einem Scherschnitt.** Senken Sie den Griff der Röhre ab, sodass die Fase knapp 45° nach oben zeigt. Drehen Sie die Röhre, bis die Oberkante nur 1,6 mm vom Holz entfernt ist. Sie schneiden weiterhin mit der unteren Kante, während Sie das Werkzeug an der Auflage fixieren und minimalen Druck auf die Schale ausüben.

**16. Schneiden Sie weiter.** Versetzen Sie die Werkzeugauflage, sodass Sie die gesamte Oberfläche der Schale erreichen können. Die Auflage sollte dort, wo Sie schneiden, nah am Holz sitzen, um zu stützen. Dieser Schnitt kann geschoben oder gezogen werden, und das Werkzeug kann zum Reitstock oder zum Spindelstock zeigen. Richtung Reitstock ist besser, um nah an den Schalenboden zu gelangen.

**17. Halten Sie die Drechselmaschine an und prüfen Sie Ihren Fortschritt.** Sie sollten alle Vertiefungen von Ihren groben Formschnitten entfernt haben. Wenn noch welche übrig sind, wiederholen Sie Ihren Schabeschnitt. Es ist viel angenehmer, diese Unregelmäßigkeiten mit der Röhre zu entfernen, als sie später wegschleifen zu müssen.

**18. Prüfen Sie, ob der Zapfen in das Drechselfutter passt.** Fahren Sie den Reitstock zurück und schieben Sie den Zapfen in das Futter. Die Oberkanten der Backen sollten den Boden der Schale berühren, nicht den Beginn des Zapfens. Es kann nötig sein, den Stiel, an dem die Körnerspitze gesessen hat, abzutrennen, damit das Futter festgezogen werden kann. Dazu bleibt der Reitstock zurückgefahren.

**19. Nehmen Sie Schale und Planscheibe von der Drechselmaschine.** Meist gibt es ein Schloss, um die Spindel zu halten, während Sie die Schale abschrauben. Aber nicht vergessen, die Spindel zu lösen, bevor Sie die Maschine wieder einschalten! Öffnen Sie das Schloss am besten gleich, wenn Sie die Schale heruntergenommen haben.

**20. Entfernen Sie die Schrauben, die Planscheibe und Schale verbinden.** Führen Sie den Zapfen in das Futter und ziehen Sie die Backen mit dem Schlüssel fest. Schrauben Sie das Futter auf die Maschine. Dann ziehen Sie noch einmal kräftig an, um eine sichere Verbindung zu schaffen. Auf der Maschine ist die Hebelwirkung größer.

**21. Platzieren Sie die Werkzeugauflage vor der Schale, knapp unterhalb der Mittellinie.** Die rechte Kante der Auflage kann ein wenig über das Zentrum der Schale hinausragen, damit Sie mehr Bewegungsspielraum haben. Drehen Sie immer von Hand, bevor Sie die Maschine einschalten. Vielleicht müssen Sie noch den Untersatz verschieben, damit er nicht im Weg ist.

**22. Schneiden Sie über die Oberseite der Schale.** Beginnen Sie am Rand und schneiden Sie über die gesamte Fläche bis zum Zentrum. Benutzen Sie die große Schalenröhre und halten Sie sie genau wie beim äußeren Grobschnitt. Der Griff sollte waagerecht sein. Diesmal drehen Sie die Röhre in die andere Richtung, nach rechts, sodass die Oberkante auf ungefähr 11 Uhr steht. Der Bereich unterhalb der Spitze zeigt über das Bankbett hinweg auf Ihr Ziel. Der Griff bildet einen 30°-Winkel zum Bankbett. Seien Sie vorsichtig und schneiden Sie sachte.

**23. Beginnen Sie mit dem Aushöhlen.** Setzen Sie die Spitze neben das Zentrum der Schale, ungefähr 13 mm links. Der gedachte Pfeil sollte leicht in die Schale hinein und hindurch zeigen. Der Griff des Werkzeugs wird weiter voran geführt und steht dann etwas weiter parallel zum Bankbett als beim vorherigen Schnitt. Bauen Sie nur leichten Druck auf; lassen Sie das Werkzeug und die Drechselmaschine die Arbeit machen.

**24. Setzen Sie einen zweiten Stich.** Dieser sollte links vom vorherigen Stich sitzen und grob dem gleichen Weg folgen, mit dem Endpunkt knapp unter dem Zentrum.

**25. Höhlen Sie weiter aus.** Arbeiten Sie sich auf die Seite der Schale zu. Wenn Sie mehr Material abtragen und die Schale tiefer wird, müssen Sie die Richtung der Spitze und des Griffes verändern. Je weiter die Schnitte nach außen wandern, desto weiter wird der Griff an der Werkzeugauflage entlang und schließlich auf Ihren Körper zu gezogen werden. Drehen Sie nicht zu viel an der Röhre herum; die Ausrichtung bestimmt darüber, wo und wie viel Sie schneiden.

**26. Öfters die Werkzeugauflage nachjustieren.** Schalten Sie die Maschine aus und bringen Sie die Auflage schön nah an die Bereiche, in denen Sie schneiden. Die rechte Kante kann sogar in die gerade geschaffene Höhlung hineinragen. Wenn Sie einmal fühlen sollten, dass Ihr Griff hüpft, dann machen Sie etwas falsch. Platzieren Sie die Auflage so, dass Ihr Werkzeug gut abgestützt wird, und schneiden Sie vorsichtiger.

**27. Schaffen Sie gewünschte Wandstärke.** Bei Grünholz dürfen es maximal 13 mm sein. Sie können das abmessen und eine Linie rund um den Rand der Schale ziehen, wenn es Ihnen hilft. Wenn Ihre Wände am Oberrand der Schale fast rechtwinklig sind, wird Ihr Werkzeug weit über das Bankbett geschwungen, um die Fase in Kontakt mit dem Holz und die Schnittkante in der richtigen Position zu halten.

**28. Den Werkzeuggriff in einem großen Bogen zu Ihnen schwingen.** Schneiden Sie vom Rand der Schale ins Zentrum. Anfangs muss der Griff in einem Winkel von ca. 30° schräg über das Bankbett liegen. Schneiden Sie an den Wänden entlang und in die Schale hinein und ziehen Sie den Griff zu sich, sodass am Ende die Spitze im Zentrum und der Griff 30° auf Ihrer Seite des Bankbettes ankommen.

**29. Prüfen Sie die Tiefe Ihrer Schale.** Ich habe feststellen müssen, dass Sie später beim Benutzen der Schale Probleme haben werden, wenn Sie zu tief schneiden und ein Loch in den Boden bohren. Legen Sie ein Maßband am Schalenboden an und messen Sie zum Oberrand auf der einen Seite, dann wiederholen Sie das auf der anderen Seite. Vergleichen Sie das Innenmaß mit dem Außenmaß. Legen Sie das Maßband am Ansatz des Zapfens an und messen Sie gerade nach oben. Sie können auch schätzen, aber benutzen Sie sicherheitshalber das Band. Ziehen Sie das Innenmaß vom Außenmaß ab, um grob zu wissen, wie stark der Boden ist.

**30. Messen Sie die Wandstärken ab.** Außentaster sind nützlich, aber ganz normale Schiebelehren tun es auch. Stellen Sie sie auf eine bestimmte Stärke ein, zum Beispiel 2,5 cm, dann messen Sie mit dem Maßband den verbleibenden Abstand zwischen der Außenwand der Schale und der äußeren Messbacke. Ziehen Sie diesen Wert von (hier) 2,5 cm ab, und Sie haben Ihre Wandstärke.

**31. Verfeinern Sie innen unter dem Rand.** Dies sollten Sie tun, bevor Sie zu tief schneiden oder die Wand dünne Stellen bekommt. Diese Bereiche biegen sich unter Belastung, die Schale kann reißen! Stellen Sie sich das Aushöhlen als Vorgang mit zwei oder drei Schritten vor, wobei Sie zuerst den oberen Bereich nah am Rand aushöhlen und sich dann zum Boden vorarbeiten.

**32. Runden Sie die Innenseite aus.** Drehen Sie die Schalenröhre wieder gerade, sodass sie parallel zum Fußboden verläuft. Jetzt wird mit der Schneidfase links von der Spitze geschnitten. Führen Sie die Röhre mit leichtem Druck vorwärts und legen Sie die linke Kante an, um sie zu stützen. Dieser Schnitt beginnt mit dem Werkzeug weitgehend parallel zum Bankbett und schließt mit dem Griff in einem Winkel von 30° bis 45°.

**33. Entfernen Sie Unregelmäßigkeiten.** Verwenden Sie einen Schaber (gerundet oder, besser, mit negativer Fase). Wenn es im Boden Röhrenspuren oder Dellen gibt, wird die runde Form dieser Werkzeuge sie entfernen. Sie müssen vielleicht die Werkzeugauflage ein wenig von der Oberfläche zurücksetzen. Dann richten Sie das Werkzeug dezent nach unten, um zu schneiden.

**34. Schleifen Sie die Schale.** Schleifgitterpapier spart Ihnen Zeit und Nerven. Es schleift schnell und erzeugt keine Hitze, die Feuchtigkeit sich ausdehnen und das Grünholz reißen lassen würde. Gelegentlich sollten Sie eine Schale einige Tage im Freien trocknen lassen. Legen Sie ein Stück Schaumstoff unter. Arbeiten Sie sich bei 700 bis 800 U/min. von Körnung 80 bis 600 durch.

**35. Drehen Sie die Schale, um den Zapfen zu entfernen.** Benutzen Sie den Schlüssel, um die Schale aus dem Futter zu lösen. Setzen Sie Spanndorn oder Spannfutter ein. Legen Sie Schaumstoff in die Schale und drücken Sie diese gegen den Spanndorn. Dann führen Sie die Körnerspitze in den Zapfen.

**36. Platzieren Sie die Werkzeugauflage.** Sie sollte am besten schräg vor der Unterseite des Zapfens und nah an der Körnerspitze sitzen. Drehen Sie die Schale erst einmal mit der Hand, um zu prüfen, ob sie zentriert sitzt. Dann die Drechselmaschine auf mäßiger Geschwindigkeit einschalten.

**37. Schneiden Sie über den Zapfen.** Setzen Sie mit Ihrer 6-mm-Röhre kleine Schnitte über den Zapfen. Das Werkzeug sollte nach rechts gedreht sein, mit dem Griff zu Ihnen gezogen, in einem Winkel von 30° zum Bankbett. Schneiden Sie wie auf der Oberseite, aber wenn Sie sich dem Zentrum nähern, lassen Sie einen Holzstiel stehen, der Schale gegen Körnerspitze abstützt.

**38. Prüfen Sie mit einem Lineal, ob der Boden Ihrer Schale plan ist.** Die Oberfläche sollte völlig gerade oder minimal konkav sein.

**39. Nehmen Sie die Schale vom Drechselfutter.** Legen Sie sie auf eine gepolsterte Tischplatte und sichern Sie sie mit einer Schraubzwinge. Richten Sie einen Flachmeißel entlang der Maserung aus, schwingen Sie den Holzhammer und lassen Sie den verbliebenen Holzstiel mit einem scharfen „Peng" davonfliegen.

**40. Tragen Sie das restliche Holz mit dem Meißel ab.** Danach an die Schleifmaschine und die Körnungen 80 bis 240 durcharbeiten.

**41. Veredeln.** Verwenden Sie einen lebensmittelechten Lack wie Leinölfirnis oder Hartwachsöl.

# Aufbewahrungsdose

Gedrechselte Dosen sind eine eigene Kunstform. Es gibt unzählige Möglichkeiten für Formen und Herstellungsweisen. Wir konzentrieren uns auf das Drechseln einer Dose aus Hirnholz, bei der die Fasern wie beim Drehen „zwischen Spitzen" parallel zum Bankbett verlaufen. Holz für Dosen kann auch wie das für Schalen ausgerichtet sein, mit Maserung rechtwinklig zum Bankbett. Die Herstellungsweise ist hier jedoch ganz anders und benötigt andere Werkzeuge. Unsere Dose aus Hirnholz erlaubt uns, weiter mit dem Flachmeißel zu üben und unser Verständnis von Maserung und Drechseltechniken zu erweitern, während wir geradewegs in die Fasern hinein aushöhlen.

Diese Dose vereint alle Fertigkeiten, die wir bisher erworben haben: Drehen „zwischen Spitzen", Aushöhlen mit der Schalenröhre, das Drechselfutter. Wir lernen sogar noch Neues dazu.

Sie können dieses Projekt aus Grünholz, Bauholz oder einem laminierten Rohling drechseln. Ein genau passender Deckel wird mit Grünholz jedoch schwierig, weil dieses sich nach dem Drechseln verzieht. Wir fertigen die Dose aus einem einzigen durchgehenden Stück Holz, sodass sich Deckel und Behälter identisch verziehen sollten. Alternativ können Dosen grob gedrechselt und vor den Feinarbeiten trocknen gelassen werden. Ich werde einen Schnitt nehmen, der ein bis zwei Jahre lang getrocknet ist. Ich denke, dass sich das Holz noch ein wenig weiter verziehen wird, also setze ich dezente Schnitte, um den Deckel später an den Behälter anpassen zu können.

## geübte Fertigkeiten

- Zentrieren mit der Schruppröhre,
- Bögen mit der Spindelröhre,
- Schälschnitte mit dem Flachmeißel,
- Hobelschnitte mit dem Flachmeißel,
- Aushöhlen mit dem Rundschaber,
- Aushöhlen mit der Schalenröhre,
- Zapfen für ein Futter schneiden.

## Werkzeuge und Materialien

- Schalenröhre (6 oder 13 mm),
- Schaber (gerundet oder negative Fase),
- Flachmeißel,
- Abstecher,
- 4-Backen-Drechselfutter,
- Laubholzrohling (ca. 10,5 x 10,5 x 15,5 cm oder größer),
- Schleifpapier (Körnungen 80, 120, 180, 240),
- lebensmittelechter Lack, beispielsweise Leinölfirnis.

**1. Bereiten Sie den Rohling für die Drechselbank vor.** Zu Beginn lässt sich mit einem größeren Stück besser arbeiten. Die Maße in der Materialliste sind ein guter Anhaltspunkt für Einsteiger, aber es kann auch größer (oder kleiner) werden. Sägen Sie in ein Ende ein „X" für einen Stirnmitnehmer oder bohren Sie in beide Enden Löcher für einen Stebcenter.

**2. Spannen Sie den Rohling auf.** Platzieren Sie Untersatz und Werkzeugauflage nah am Werkstück. Drehen Sie das Holz von Hand, bevor Sie die Drechselmaschine einschalten.

**3. Schruppen Sie den Rohling zu einem geraden Zylinder.** Befolgen Sie das „ABC des Drechselns" und senken Sie die Schruppröhre mit der Schneidfase von oben auf das Holz, um mit dem Schneiden zu beginnen.

**4. Setzen Sie Markierungen für Zapfen.** Diese sitzen im Drechselfutter, während Sie den Behälter aushöhlen und den Deckel formen. Achten Sie darauf, dass sie kürzer als die Tiefe Ihrer Backen (ca. 13 mm) werden. Messen Sie von jedem Ende aus 10,5 mm ab und setzen Sie eine Markierung mit dem Bleistift.

**5. Schneiden Sie mit Meißel oder Abstecher die Zapfen.** Beginnen Sie ganz am Ende und schneiden Sie gerade hinein. Benutzen Sie auf etwas mehr als die engste Stellung Ihres Futters eingestellte Schiebelehren, um sicherzugehen, dass Sie nicht zu viel entfernen. Achten Sie auf eine mehr oder weniger quadratische Form. Wiederholen sie dies am gegenüberliegenden Ende.

**6. Stechen Sie mit dem Abstecher dort ein, wo der Rohling geteilt werden soll.** Geben Sie Acht, die Deckelseite groß genug zu lassen. Sie brauchen Platz für den Griff, die Konturen des Deckels und eine kleine Lippe für Halt im Behälter. Ich habe 32 mm vom Ansatz des Zapfens gemessen. Stechen Sie ca. 6,5 mm ein. Dann nehmen Sie den Rohling von der Maschine und prüfen, ob beide Enden gut ins Drechselfutter passen.

**7. Teilen Sie den Rohling entlang dieser Linie.** Mit einer Kappsäge geht das im Handumdrehen, aber Sie können genauso gut eine Handsäge verwenden. Machen Sie sich keine Sorgen, wenn der Schnitt in Deckel oder Behälter hineinwandert. Wir kümmern uns später darum.

**8. Schrauben Sie das Drechselfutter auf die Spindel.** Schieben Sie die Unterseite des Behälters in die Backen und drücken ins Futter, während Sie es mit dem Schlüssel festziehen. Platzieren Sie die Werkzeugauflage seitlich vom Holz. Sie können das Ende mit dem Reitstock stützen, müssen aber nicht.

**9. Formen Sie die Außenseite des Behälters.** Für grobes Bearbeiten reicht die Schruppröhre. Ziehen Sie nicht zu viele Bögen, weil diese sich schlecht auf der Innenseite spiegeln lassen. Arbeiten Sie wie immer von groß nach klein, um Ausrisse zu verhindern.

**10. Verfeinern Sie die Oberfläche durch Hobelschnitte.** Die lange Spitze des Meißels sollte Richtung Oberseite zeigen. Ziehen Sie den Griff auf 45° zum Bankbett zurück und drehen Sie das Werkzeug leicht in Verlaufsrichtung. Die Fase kann oben am Werkstück ruhen, während das mittlere Drittel der Schneidfläche schneidet. Denken Sie daran, mit der Maserung abwärts zu schneiden.

**11. Begradigen Sie die Oberseite des Behälters per Schälschnitt mit dem Flachmeißel.** Setzen Sie das Werkzeug mit der schmalen Seite auf die Ablage, Spitze nach unten, und führen Sie es über die Oberseite. Der Schnitt verläuft rechtwinklig zur Drehung. Wenn Sie den Griff ganz leicht nach links drehen, kann die Fase an der eben geschnittenen Oberfläche anliegen. Stoppen Sie, bevor Sie die Körnerspitze treffen.

**12. Setzen Sie eine Schrägung am oberen Rand der Außenseite.** Verwenden Sie den Meißel im Schälschnitt. Die Schrägung kann 45° oder noch schräger ausfallen. Die Spitze zeigt wieder nach unten und auf ihr Ziel hin. Beginnen Sie den Schnitt nah am Ende des Werkstückes und tragen Sie nur wenig ab. Wiederholen Sie dies für eine größere Schrägung.

**13. Beginnen Sie das Aushöhlen mit einem Schiebeschnitt.** Platzieren Sie die Werkzeugauflage quer zur Front der Dose. Setzen Sie den ersten Schnitt nah am Zentrum und arbeiten Sie sich nach innen. Die Schalenröhre bleibt waagerecht, die Außenkante wird ungefähr auf 11 Uhr gedreht. Drücken Sie nur leicht und setzen Sie kleine Schnitte. Das Hirnholz ist widerspenstiger, als Sie es von anderen Projekten gewöhnt sind.

## Aushöhlabkürzungen für Einsteiger

Manche Drechsler bohren gern zuerst ein Loch, um die gewünschte Tiefe zu markieren und etwas Material zu entfernen. Dafür eignen sich ein Jacobs-Bohrfutter und ein Forstnerbohrer. Markieren Sie die Tiefe mit Klebeband am Bohrer und bohren Sie sehr langsam bis zum Boden. Eine andere Möglichkeit ist die Aushöhlung ausschließlich mit einem großen Forstnerbohrer. Das ist machbar, aber seien Sie vorsichtig. Ein so großer Bohrer überhitzt schnell, also lassen Sie sich Zeit und machen Sie eine Pause, wenn das Holz qualmt oder brennt. Diese Methode hinterlässt auch eine rauere Oberfläche als das Drechseln.

**14. Höhlen Sie weiter aus.** Schneiden Sie auf die gleiche Weise weiter, mit jedem Schnitt ein wenig näher an den Seiten des Behälters. Hören Sie erst unmittelbar vor der Stelle auf, wo Ihre Wände enden sollen, ca. 9,5 mm vor dem Rand.

**15. Beginnen Sie, an den Innenwänden zu schneiden.** Für den Schnitt, der am Oberrand entlang der Wand beginnt, müssen Sie den Griff der Röhre über das Bankbett hinweg führen. Ziehen Sie den Griff auf sich zu, um der Form des Bodens der Dose zu folgen, während Sie an den Wänden entlang schneiden.

**16. Prüfen Sie Ihren Fortschritt.** Ziel ist, dass die Innenseite zur Außenseite passt. Versuchen Sie, die Wände gleichmäßig zu halten, während Sie sich nach unten arbeiten. Sie können Schiebelehren auf eine bestimmte Breite einstellen (z. B. 13 mm) und dann zwischen Wand und Messbacke abmessen. Der eingestellte Wert abzüglich Ihrer Messung ist die Wandstärke.

**17. Flachen Sie die Schnitte ab, wenn Sie sich dem Boden nähern.** Das Werkzeug zu drehen, um den Schnitt wie gewohnt abzustützen, ist hier bei zunehmender Tiefe nicht mehr möglich, weil der Werkzeugschaft gegen den Dosenrand stoßen würde. Richten Sie die Flöte horizontaler aus, um mehr Schneidwirkung zu erzielen. Drücken Sie nur leicht, um keine Löcher zu stechen.

**18. Messen Sie bis zum Boden, um die Tiefe zu prüfen.** Schieben Sie ein Maßband oder ein Lineal in die Dose und messen Sie von unterer zu oberer Innenkante. Ziehen Sie diesen Wert von einer Messung von unterer zu oberer Außenkante ab, um die Stärke des Bodens zu kennen. Lassen Sie etwas mehr Holz übrig, um ggf. Ausrisse entfernen zu können.

**19. Säubern Sie die Innenseiten mit Rund- oder Negativfasenschaber.** Eventuell müssen Sie die Werkzeugauflage etwas verschieben, damit Sie den Schaber leicht nach unten ausrichten können. Verwenden Sie die linke Ecke des Werkzeuges, um entlang der Dosenwand zu schneiden.

**20. Behälter abschleifen.** Benutzen Sie schmale Streifen für die Innenseite. Große Stücke können am Holz hängen bleiben und Ihre Finger abschleifen! Verwenden Sie Streifen, die einen oder zwei Finger breit sind, und arbeiten Sie sich von Körnung 80 bis 240 oder noch feiner durch.

**21. Behälter entfernen und Deckel in das Drechselfutter spannen.** Platzieren Sie die Werkzeugauflage so, dass sie die Länge des Holzes abdeckt, parallel zum Bankbett und minimal oberhalb der Mittellinie.

**22. Außenseite mit Hobelschnitt des Meißels säubern.** Dies wird den Rohling zentrieren und sicherstellen, dass er in den Behälter passt.

**23. Oberseite mit einem Schälschnitt quer über das Hirnholz verfeinern.** Halten Sie den Meißel mit der langen Spitze nach unten und der schmalen Kante auf der Auflage. Drücken Sie die Spitze gerade auf das Zentrum zu. Drehen Sie minimal nach links, um den Kontakt der Fase zum Holz zu halten. Für eine glatte Oberfläche ggf. wiederholen.

**24. Messen Sie den Innendurchmesser mit dem Außentaster.** Stellen Sie die Schraube so ein, dass der Greifzirkel etwas schmaler greift als das Innenmaß.

**25. Schaffen Sie am Ende einen schmaleren Zylinder.** Verwenden Sie Meißel oder Abstecher, um mit einem Schälschnitt einen schmalen Zylinder am Ende zu schneiden. Diese „Lippe" sorgt für den Halt im Behälter. Arbeiten Sie langsam und prüfen Sie den Durchmesser im Drehen mit den Schiebelehren, oder halten Sie die Maschine an und setzen Sie den Behälter auf. Der Sitz sollte passgenau sein.

**26. Bereiten Sie mit Meißel und Schälschnitt den Griff vor.** Halten Sie das Werkzeug flach auf der Werkzeugauflage und senkrecht zur Drehbewegung. Beginnen Sie oben zu schneiden und heben Sie den Werkzeuggriff allmählich an. Machen Sie bei 25 mm Durchmesser Schluss.

**27. Formen Sie die Deckeloberseite mit der Spindelröhre.** Das Werkzeug nach links drehen, sodass die Oberkante ca. auf 2 Uhr steht. Beginnen Sie den Schnitt ca. 6,4 mm oberhalb des Ansatzes der „Lippe". Richten Sie das Werkzeug zur Basis des Griffes und schieben Sie.

**28. Die Oberseite des Deckels mit dem Flachmeißel verfeinern.** Setzen Sie einen Schälschnitt, mit der langen Spitze nach unten. Eine leichte Drehung nach rechts wird Ihr Werkzeug beim Schneiden stützen. Mit einem leichten Schwung des Griffes können Sie Konturierung hinzufügen.

**29. Bringen Sie den Griff auf die gewünschte Größe.** Verwenden Sie einen Flachmeißel im Schälschnitt. Bei wenig Platz benutzen Sie den Abstecher wie einen Meißel. Das Werkzeug nach rechts drehen, sodass die Fase flach auf dem Griff aufliegt. Wenn Sie sich der Deckeloberseite nähern, schieben Sie das Werkzeugheft nach rechts, um dichter zu schneiden.

**30. Deckel abschleifen.** Machen Sie dies jetzt, bevor der Griff zu schmal wird. Beginnen Sie mit Körnung 80 und arbeiten Sie sich bis 240 durch. Bearbeiten Sie Deckelunter-, Deckelaußen- und Deckeloberseite sowie den Griff. Bei guter Passform Vorsicht mit der „Lippe". damit sie nicht hinterher lose sitzt!

**31. Am Ende des Griffes V-Schnitt setzen.** Weiten Sie diese Furche von links und rechts allmählich auf, bis der Deckel in Ihre wartende Hand fällt.

**32. Zapfen am Dosenboden mit der Handsäge absägen.** Säubern Sie den Boden mit einem Schleifgerät. Drücken Sie nicht zu fest – wenn das Hirnholz zu heiß wird, kann es reißen!

**33. Veredeln.** Tragen Sie einfache Veredelung wie Leinölfirnis oder Holzwachs auf, wenn die Dose lebensmittelsicher sein soll. Danish Oil o. Ä. verleiht zusätzlichen Glanz und Haltbarkeit.

# Stichwortverzeichnis

# Über den Autor

Luke begann schon sehr früh, sich für Holzarbeiten zu interessieren. Seine Eltern förderten diese Leidenschaft mit Werkzeugen und wiederverwendetem Holz, aus dem Baumhäuser und Boote entstanden. Nachdem er in Alfred, New York, Bildhauerei und Holzverarbeitung studiert hatte, baute Luke überall in der Finger-Lakes-Region Timberframe-Gebäude, ehe es ihn als Lehrer und Werkstattleiter zurück nach Alfred zog. Heute ist er hauptberuflicher Dreher und Tischler. Mehr Informationen über ihn und seine Arbeit finden Sie unter lukevoytas.com.

# Aus unserem Programm

ISBN 978-3-7020-2013-2

ISBN 978-3-7020-1234-2

ISBN 978-3-7020-1552-7

ISBN 978-3-7020-1801-6